한 번에 합격하는

한자자격시험 6급

(사)한자교육진흥회 주관
한국한자실력평가원 시행

한 번에 합격하는

한자자격시험 6급

김시현 지음

최근 한자 학습에 대한 열기가 부쩍 높아졌습니다. 한자가 없으면 글을 쓸 수 없는 중국과는 달리, 우리에게는 '한글'이라는 완벽한 표음문자가 있는데도 불구하고 한자를 배우는 사람들이 늘어나는 것은 왜일까요? 물론 21세기에 중국이 새로운 열강으로 등장하는 등 국제 정세와의 관계를 무시할 수 없겠지만, 가장 중요한 것은 우리말이 한자와 떼려야 뗄 수 없는 사이이기 때문일 것입니다. 〈우리말 큰사전〉(한글학회 편)에 따르면 표제어 45만 자 중 52.1%가 한자어라고 합니다. 정말 엄청난 숫자가 아닐 수 없습니다. 이것은 1443년에 한글이 창제되기 전까지 우리나라 사람들도 한자를 문자로 사용해왔기 때문입니다. 즉, 한자는 우리 전통 문화의 일부인 것입니다.

한자를 모르면 우리말을 사용할 때 많은 불편함이 생기게 됩니다. 한자어인 '양식'을 예로 들어볼까요? 한글로만 썼을 경우 문맥을 파악하지 않으면 糧食(먹을거리)인지 樣式(일정한 형식)인지 또는 洋食(서양식 음식)인지 알 수가 없습니다. 그러나 한자로 쓰면 바로 이해할 수 있으니 효율적입니다. 이런 이유로 요즘에는 대부분의 대학과 기업체, 그리고 일부 공공기관들이 선발기준 중 하나로 한자실력을 보고 있습니다.

한자자격시험은 이러한 한자실력을 검증하는 하나의 도구입니다. 일정급수를 얻으면 유효기간이 평생 동안 유지되기 때문에 일단은 시험을 통과하는 것이 중요하다고 생각할지도 모르겠습니다. 그러나 한자실력을 진정 자신의 자산으로 삼기 위해서는 급수 시험에만 연연하지 말고 공부를 계속해가는 것이 무엇보다도 중요합니다. 이 책은 편리하고 효과적으로 한자자격시험을 준비할 수 있도록 만들어졌습니다. 이 책이 여러분의 한자실력을 키우는 데 큰 도움이 되기를 바랍니다.

김시현

차례

한자자격시험 안내

1. 한자의 이해 12

2. 급수별 선정한자 및 교과서한자어 일람표
급수별 선정한사 일람뵤 28
교과서한자어 일람표 31

3. 6급 선정한자 풀이 34

4. 기타 출제유형 익히기
교과서한자어 풀이 50
필수 한자성어 79

5. 실전대비 예상·기출문제
한자자격시험 예상문제(1~4회) 104
한자자격시험 기출문제(1~3회) 116
정답 125
답안지 129

한자자격시험 안내

1. 국가공인 한자자격시험이란

- 한자자격시험은 국가에서 공인한 시험(신규공인: 2004. 1, 재공인: 2006. 2)입니다.
- 자격종목 및 등급: 한자실력급수(사범, 1급, 2급, 3급)
  ※교양한자급수: 준3급, 4급, 준4급, 5급, 준5급, 6급, 7급, 8급
- 국가공인 한자자격 취득자는 법률에 의거, 여타의 국가공인 자격증과 똑같은 대우를 받습니다.
- 국가공인 한자자격을 취득한 초·중·고등학생은 교육인적자원부(현 교육과학기술부) 훈령 제719호에 의거, 학교생활기록부 자격증 및 인증취득상황란에 등재됩니다.

2. 한자자격시험의 특징

한자사용능력을 종합적으로 평가합니다.

한자평가원에서 시행하는 한자자격시험은 단순히 한자를 많이 암기하는 능력을 평가하는 시험이 아닙니다. 한자에 대한 이해, 실생활에서의 한자 활용능력, 어휘력, 교과서한자어 인지도 등을 종합적으로 평가하며 이 과정을 통해 자연스럽게 언어능력 및 문장 구성능력이 향상될 수 있습니다.

사고력과 어휘력을 향상시킵니다.

한자자격시험은 사고능력을 향상시킬 수 있도록 구성되어 있습니다. 한자자격시험 대비 교재를 공부하는 과정을 통해 자연스럽게 사고력과 어휘력의 향상이 이루어질 수 있습니다.

학업성적 향상에 기여합니다.

초·중등학교 교과서에 자주 나오는 한자어를 평가하고 있으므로, 시험대비 과정을 통해 자연스럽게 교과서에 나오는 어려운 어휘에 대한 이해력을 높여 학교에서의 학업능력을 향상시킵니다.

교과학습능력을 신장시킵니다.

한자자격시험은 각 학교급별 수준에 맞는 내용으로 급수별 평가를 시행하고 있습니다. 각 급수의 수준을 초등학교 1학년부터 고등학교 3학년, 대학, 일반 등으로 나누어 제시하고 있으며, 다시 해당 교과서에 자주 등장하는 단어(한자어)를 분석하여 한자 공부를 할 수 있도록 하고 있습니다. 이를 바탕으로 학습자는 자신이 공부해야 할 급수를 선택할 수 있고, 또 학습과정을 통해 해당 교과서에 나오는 한자어를 공부하게 됩니다. 이는 교과서 단어에 대한 뜻을 정확히 이해하고 해석하는 데 도움을 주어 결과적으로 교과학습 성취도를 높이는 데 도움이 됩니다.

(1) 한자자격시험

- 주관: 사단법인 한자교육진흥회(社團法人 漢字敎育振興會)
- 시행: 한국한자실력평가원(韓國漢字實力評價院)

(2) 한자자격시험 일정

- 연 4회
- 매 2월, 5월, 8월, 11월 시행(사정에 따라 변경될 수 있음)
- 응시자격: 제한 없음

(3) 한자자격시험 준비물 및 입실 시간

- 접수 준비물: 기본인적사항, 반명함판 사진(3㎝×4㎝) 2매, 응시원서, 응시료
- 시험 준비물
  ① 수험표
  ② 신분증(학생증, 주민등록증, 운전면허증, 여권-초등학생과 미취학 아동은 건강보험증 또는 주민등록등본)
  ③ 컴퓨터용 사인펜
  ④ 검정색 필기구(연필 사용 불가)
  ⑤ 수정 테이프(수정액 사용 불가)
- 고사장 입실시간: 시험 시작 20분 전까지

(4) 한자자격시험 급수별 출제범위

급수		사범	1급	2급	3급	준3급	4급	준4급	5급	준5급	6급	7급	8급
평가한자수	계	5,000자	3,500자	2,300자	1,800자	1,350자	900자	700자	450자	250자	170자	120자	50자
	선정한자	5,000자	3,500자	2,300자	1,300자	1,000자	700자	500자	300자	150자	70자	50자	30자
	교과서 실용 한자어	–	500단어 (이상)	500단어 (이상)	500자 (436단어) (이상)	350자 (305단어) (이상)	200자 (156단어) (이상)	200자 (139단어) (이상)	150자 (117단어) (이상)	100자 (62단어) (이상)	100자 (62단어) (이상)	70자 (43단어) (이상)	20자 (13단어) (이상)

- 한자자격시험은 사범~8급까지 총 12개 급수로 구성되어 있습니다.
- 국가공인급수는 사범~3급까지, 민간자격법에 의한 교양한자급수는 준3급~8급까지입니다.

(5) 급수별 출제문항 수 및 출제기준

구분 \ 급수			사범	1급	2급	3급	준3급	4급	준4급	5급	준5급	6급	7급	8급 (첫걸음)
출제기준		문항수 합계	200	100	100	100	100	100	100	100	100	80	50	50
	주관식	문항수	150	100	70	70	70	70	70	70	70	50	20	20
		비율	75% 이상	65% 이상	70% 이상	70% 이상	70% 이상	70% 이상	70% 이상	70% 이상	70% 이상	60% 이상	40% 이상	40% 이상
		한자 쓰기	25	25	25	20	20	20	20	20	20	10	–	–
	객관식	문항수	50	50	30	30	30	30	30	30	30	30	30	30
문항별 배점			2	2	2	2	1	1	1	1	1	1.25	2	2
만점 (환산점수: 100점 만점)			400 (100)	300 (100)	200 (100)	200 (100)	100	200 (100)	100	100	100	100	100	100

(6) 급수별 합격기준

구분 \ 급수	사범	1급	2급	3급	준3급	4급	준4급	5급	준5급	6급	7급	8급 (첫걸음)
합격 기준 (문항수 기준)	80% 이상	70% 이상	70% 이상	70% 이상	70% 이상	70% 이상	70% 이상	70% 이상	70% 이상	70% 이상	70% 이상	70% 이상

(7) 급수별 시험시간, 출제유형별 비율(%)

구분 \ 급수			사범	1급	2급	3급	준3급	4급	준4급	5급	준5급	6급	7급	8급(첫걸음)
시험시간			120분	80분	60분	60분	60분	60분	60분	60분	60분	60분	60분	60분
출제기준	급수별 선정한자	훈음	25	15	15	15	15	15	15	15	15	20	25	25
		독음	35	15	15	15	15	15	15	15	15	20	25	25
		쓰기	25	20	20	20	20	20	20	20	20	10	–	–
		기타	15	15	15	15	15	15	15	15	15	15	15	15
		소계	100	65	65	65	65	65	65	65	65	65	65	65
	교과서 실용한자어	독음	–	10	10	15	15	15	15	15	15	15	15	15
		용어뜻	–	10	10	10	10	10	10	10	10	10	10	10
		쓰기	–	5	5	0	0	0	0	0	0	0	0	0
		기타	–	10	10	10	10	10	10	10	10	10	10	10
		소계	–	35	35	35	35	35	35	35	35	35	35	35
합계			100	100	100	100	100	100	100	100	100	100	100	100

(8) 국가공인 한자자격 취득자 우대

- 자격기본법 제27조에 의거 국가자격 취득자와 동등한 대우 및 혜택
- 직업교육훈련기관에서 입학 전형자료로 활용
- 직업능력의 우월성 인정으로 취업 시 우대
- 공공기관과 기업체 채용, 보수, 승진과정에서 우대하며 전문대학, 대학교 입학 시 가산점 인정(※우대 반영비율 및 세부사항은 기업체 및 대학 입시 요강에 따름)
- 초 · 중 · 고등학생은 교육인적자원부(현 교육과학기술부) 훈령 제719호에 따라 학교생활기록부 자격증 및 인증취득상황란에 등재
- 대상 급수 : 사범, 1급, 2급, 3급

3. 이 책의 특징

이 책은 국가공인 한자자격시험 관리 운영기관인 '(사)한자교육진흥회'가 주관하고, '한국한자실력평가원'에서 시행하는 교양급수 6급 한자자격시험 대비 수험서입니다.

■ 이 책은 한자자격시험의 평가 기준과 평가 의도를 정확히 반영하고 있습니다.
■ 이 책은 (사)한자교육진흥회의 평가 기준에 따라 6급 선정한자 20자와 교과서한자어 62단어, 한자성어 등을 단원별로 구성하여 학습효율을 높일 수 있도록 하였습니다.
■ 지금까지 여타 '한자검정'은 '한자의 글자수 암기능력'만을 측정하여 자격을 부여하고 있습니다. 반면 〈한자자격시험〉은 한자 인지학습은 물론, 초·중·고의 학교급별 교과서에 쓰이고 있는 한자어를 읽고 쓰고 뜻을 알게 하는 과정을 통해 우리말의 어휘력과 사고력, 문제의 핵심을 파악하는 능력 등을 높여 자연스럽게 교과학습 성취도를 향상시켜 줍니다. 이 책은 이러한 평가 방향과 내용을 정확히 분석하여 학습 효과를 높이는 것은 물론이고, 최고의 한자자격시험 적중률을 자랑합니다.

4. 이 책의 구성

■ 책의 앞부분에 급수별 선정한자 목록을 수록하였습니다. 6급 선정한자 70자는 7급까지의 하위급수 한자에 6급 고유한자 20자가 더해진 것입니다. **한자자격시험 6급에서는 고유한자 20자의 출제 빈도가 매우 높기 때문에 이 글자들을 집중적으로 학습할 수 있도록 구성하였습니다.**
■ 각 단원은 다시 '6급 선정한자 풀이'와 '교과서한자어 풀이', '필수 한자성어', '실전대비 예상·기출문제'로 구성하여 중층적·단계적 학습이 가능하도록 하였습니다.
■ 각 단원의 본문에는 바로 암기할 수 있도록 따라쓰기 칸을 수록하였으며, 단원 학습 후에는 재학습할 수 있도록 별도의 따라쓰기 페이지를 마련하였습니다. 때문에 쓰기 교본을 따로 준비할 필요가 없으며, 이 책 한 권만으로도 쓰기 연습이 충분합니다.

1 한자의 이해

한자의 이해

I. 한자의 기원과 변천

우리나라 사람들에게 한글을 만든 사람을 물어보면 누구나 자신 있게 "세종대왕!"이라고 답할 것입니다. 그렇다면 한자는 누가, 언제, 어떻게 만든 것일까요? 사실 한자는 아주 오랜 옛날부터 쓰여왔기 때문에 정확히 누가 만들었는지는 모른답니다. 다만 이와 관련해 다양한 전설들이 전해 내려오고 있죠.

가장 유명한 이야기는 바로 중국 황제(皇帝) 시대에 창힐(蒼頡)이란 사람이 새와 짐승의 발자국을 보고 한자를 만들었다는 것입니다. 그렇지만 이건 어디까지나 전설일 뿐이고, 한자는 한두 사람의 힘만으로 이루어졌다고 보기 어렵습니다. 오히려 긴 세월을 거치는 동안 수많은 사람들의 손을 거치며 발명, 변천, 사용되면서 오늘날과 같은 형태를 갖추게 되었다고 보는 것이 올바른 설명입니다.

(1) 가장 오래된 한자의 모습, 갑골문자

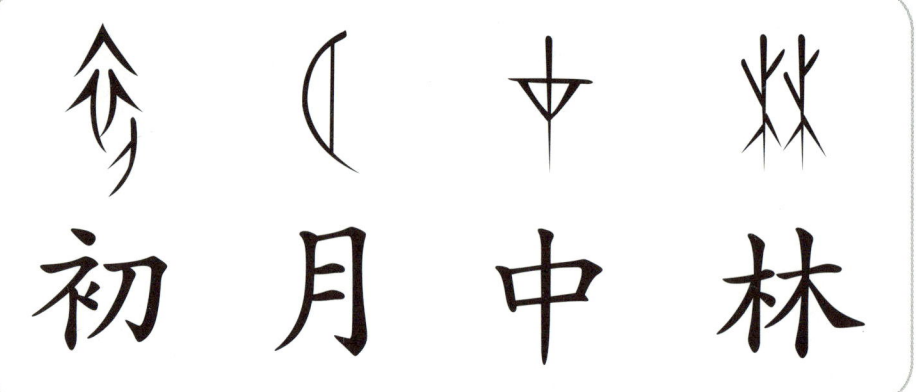

〈갑골문자의 예〉

약 3,500년전, 중국의 황하(黃河)라는 큰 강 주변에서는 은(殷)이라는 나라가 발전했습니다. 이 나라 사람들은 그 옛날부터 글자를 쓰고 있었는데, 이게 바로 갑골문자(甲骨文字)로서 오늘날 한자의 기원입니다. 甲은 거북이의 등딱지를 의미하고 骨은 뼈라는 뜻입니다. 갑골문자란 거북이나 자라 같은 동물들의 딱딱한 등껍질이나 물소의 뼈 같은 단단한 뼈에 새겨진 문자를 뜻합니다.

갑골문자가 발견된 것은 1899년이었습니다. 갑골문의 발견과 관련해서는 재미있는 이야기가 있습니다. 아주 용하다는 한약방이 있었는데, 그곳에서는 용의 뼈를 사용해 약을 짓는다고 소문이 자자했지요. 오늘날 국립대 총장에 해당하는 국자감제주(國子監祭酒) 왕의영(王懿榮)이란 사람이 그 약방에서 사온 약을 보고 용의 뼈, 즉 용골(龍骨)에 새겨져 있는 고대의 부호를 발견했습니다. 그리고 이것이 바로 은나라 시대의 갑골문이란 사실을 알게 되었습니다.

갑골문자는 여러 시대를 거치면서 점차 변화하게 됩니다. 우선 초기에는 사물의 모양을 따라 그린 것이라 회화적인 특징이 강했는데, 후대로 갈수록 간단하면서도 세련된 부호나 기호형태의 문자로 모양이 바뀐 것이죠.

(2) 한자는 과연 몇 글자나 될까?

갑골문자 시대의 초기 한자는 대략 3,000자가량이었다고 합니다. 그런데 최초의 자전(字典)이라고 할 수 있는 한(漢)나라 때의 〈설문해자서(說文解字敍)〉를 보면 총 9,353자가 실려 있습니다. 이것이 당(唐)나라와 송(宋)나라 시대에 이르면 30,000자로 늘어나고, 다시 청(淸)나라 때 가서 50,000자까지 증가했습니다.

그렇다면 오늘날 존재하는 한자는 과연 몇 자일까요? 확인되는 한자 수만 약 70,000자가 넘는다고 합니다. 한자는 갑골문자 이후로 글자의 모양이 크게 변하면서, 글자의 수도 함께 기하급수적으로 불어났다고 하겠습니다.

(3) 한자의 전래

한자는 동방민족의 문자일까요, 아님 고대 중국인들의 문자일까요? 이에 관해서는 여러 가지 설이 있지만 어느 주장도 확실한 근거는 없습니다. 하지만 최근에는 이에 대한 논쟁이 구체화되며 동방민족의 문자라는 설이 점점 유력해지는 중입니다.

● 우리나라 사람들은 언제부터 한자를 썼을까?

아주 오랜 옛날부터 우리나라는 중국과 이웃하면서 살아왔습니다. 때문에 끊임없이 중국과 왕래하고 교류해왔지요. 이 과정에서 우리는 중국의 문화와 문물을 자연스럽게 받아들였는데요, 그 가운데서 가장 중요한 것 중 하나가 바로 중국문자인 한자가 유입된 것입니다. 한자가 언제부터 우리나라에서 쓰이게 되었는지는 확실하지 않습니다. 다만 아주 오랜 옛날부터 한자가 쓰였던 것만은 확실합니다.

한글이 창제되기 전까지는 마땅한 표기수단이 없었기 때문에 한자는 우리의 문자생활에 아주 중요한 역할을 담당했습니다. 우리 조상들은 한자를 우리말에 맞도록 활용하기도 했는데, 이두(吏讀)나 향찰(鄕札) 등이 그 예입니다. 또한 이름에 쓰이는 돌(乭)자나 '논'이라는 뜻을 지난 답(畓)자는 우리나라에만 있는 한자이기도 하지요.

● **한자(漢字)라는 명칭은 어떻게 생겨났을까?**

오늘날 우리나라 사람들 대부분이 한자가 중국 고유의 문자인데 우리가 빌려쓰는 것으로 잘못 알고 있습니다. 그러나 한자는 중국 한(漢)나라 때 만들어진 글자가 아니라, 사실은 3,500년 전 갑골문에서 출발한 글자입니다. 또한 그 시대에는 중국민족을 한족(漢族)이라 부르지도 않았습니다.

그렇다면 왜 한자라고 부르게 된 것일까요? 중국 원(元)나라 때 몽고인들이 중국을 지배하면서 본래 살던 한족들의 문자와 자신들의 문자를 구별하기 위해 '한나라 사람들이 쓰는 문자'라는 뜻에서 한자라 부르게 된 것입니다.

2. 육서란 무엇인가

육서(六書)는 문자에 관한 여섯 가지 기본원칙을 말하는 것으로서, 육본(六本)이라고도 합니다. 중국 한나라 때 허신이 지은 〈설문해자서〉에 따르면 한자에는 4가지 생성원리와 2가지 활용원리가 있다고 합니다. 이른바 상형(相形), 지사(指事), 회의(會意), 형성(形聲)은 생성원리에 속하며 전주(轉注)와 가차(假借)는 활용원리에 속합니다.

(1) 상형자 : 사물의 모양을 본떠 만든 글자

눈에 보이는 사물의 구체적인 모양을 본떠서 만든 글자를 상형자라고 합니다. 상형자는 총 364자이며 그 중 순수한 상형자는 242자 정도입니다. 그 예로는 다음과 같은 글자들이 있습니다.

• 日(날 일) : 해의 모양을 본뜬 글자
• 月(달 월) : 달의 모양을 본뜬 글자

- 山(메 산) : 산의 모양을 본뜬 글자
- 川(내 천) : 내의 모양을 본뜬 글자

(2) 지사자 : 생각이나 뜻을 부호나 도형으로 나타낸 글자

눈에 보이지 않는 추상적인 생각이나 사물의 뜻을 구체적인 부호나 도형으로 간단히 나타낸 글자를 지사자라고 합니다. 지사자는 대략 125자 정도입니다. 그 예로는 다음과 같은 글자들이 있습니다.

- 上(위 상) : 기준선 위에 점을 찍어 '위' 라는 뜻을 나타낸 글자
- 下(아래 하) : 기준선 아래에 점을 찍어 '아래' 라는 뜻을 나타낸 글자
- 本(근본 본) : 나무의 줄기를 가리켜 '근본' 이라는 뜻을 나타낸 글자
- 末(끝 말) : 나무의 끝 부분을 가리켜 '끝' 이라는 뜻을 나타낸 글자

(3) 회의자 : 2개 이상 글자의 뜻과 뜻을 합해 만든 글자

상형과 지사의 방법을 통해 이미 만들어진 2개 이상의 한자를 합쳐서 새로운 하나의 글자를 만드는 방법입니다. 그 글자들의 뜻을 모아 처음의 뜻과는 전혀 다른 새로운 뜻으로 만들어진 글자를 회의자라고 합니다. 그 예로는 다음과 같은 글자들이 있습니다.

- 明(밝을 명) : 日(날 일) + 月(달 월) / 해와 달이 합쳐지면 더욱 '밝다' 는 뜻을 나타낸 글자
- 信(믿을 신) : 人(사람 인) + 言(말씀 언) / 사람의 말은 '믿음직스러워야' 한다는 뜻을 나타낸 글자

(4) 형성자 : 2개 이상 글자의 음과 뜻을 합해 만든 글자

상형과 지사의 방법을 통해 이미 만들어진 2개 이상의 한자를 합쳐서 새로운 하나의 글자를 만드는 방법입니다. 한 글자는 뜻을, 다른 한 글자는 소리와 함께 뜻도 나타내도록 만들어진 글자를 형성자라고 합니다. 형성자는 전체 한자의 80%를 차지할 정도로 많은데, 반드시 음 부분을 지니고 있다는 점에서 회의자와 구별됩니다. 형성자의 예로는 다음과 같은 글자들이 있습니다.

- 淸(맑을 청) : 水(물 수) + 靑(푸를 청) / 물이 푸르니 '맑다'는 뜻을 나타낸 글
  자로, 水는 뜻을 나타내고 靑은 뜻과 소리를 모두 나타낸 것
- 晴(갤 청) : 日(날 일) + 靑(푸를 청) / 하늘이 푸르게 '개이다'는 뜻을 나타낸
  글자로, 日은 뜻을 나태내고 靑은 뜻과 소리를 모두 나타낸 것

한편, 새롭게 만들어진 글자와 소리 역할을 하는 글자의 음이 완전히 동일하지 않은 경우도 있습니다. 이런 현상은 한자가 우리나라에 들어와 우리말화되면서 나타난 것입니다. 그 예로는 다음과 같은 글자들이 있습니다.

- 汗(땀 한) : 水(물 수) + 干(방패 간) / 초성이 바뀐 경우
- 江(강 강) : 水(물 수) + 工(장인 공) / 중성이 바뀐 경우

(5) 전주 : 새로운 뜻으로 파생, 전용되어 쓰이는 글자

이미 만들어진 한자의 뜻을 하나 더 늘리기 위해, 본래의 뜻을 변화시키고 끌어대어 본래의 뜻과 연관이 있는 뜻으로 바꿔쓰는 것을 전주라고 합니다. 그 예로는 다음과 같은 글자들이 있습니다.

- 道(길 도) : 원래의 뜻은 '사람이 걷는 길'이었으나, 나중에 '도리' 또는 '도덕'
  이란 뜻으로 변화된 경우
- 惡(악할 악) : 원래의 뜻은 '악하다'는 것이었으나, 나중에 '미워하다'로 뜻이
  확대된 경우(음도 변하여 '오'로 읽힘)

(6) 가차 : 뜻은 전혀 상관없이 음만 빌려쓰는 글자

어떤 사물이나 이름을 글자로 표기할 경우, 관계가 전혀 없는 뜻을 가진 글자라 하더라도 소리가 같으면 빌려쓰는 방법을 가차라고 합니다. 그 예로는 다음과 같은 것들이 있습니다.

- 亞細亞(아세아) : Asia
- 巴利(파리) : Paris

이상과 같이 전주나 가차는 한자를 구성하는 원리라고 할 수는 없습니다. 다만 임시로 활용해서 쓰는 방법이라고 하겠습니다.

3. 부수란 무엇인가

부수란 한자를 만드는 기본 중의 기본인 글자들로서, 만들어진 글자의 훈음을 자전에서 찾아보기 쉽게 배열한 글자들끼리의 공통되는 부분입니다. 주로 상형자와 지사자로 되어 있으며, 그 글자의 개략적인 뜻을 나타냅니다. 부수는 자전에서 글자의 뜻과 음을 찾는 데에도 유용하게 활용됩니다. 이를테면, 수(氵)가 부수인 한자는 물과 관계가 깊은 글자인 것입니다.

(1) 부수의 수와 명칭

기본은 214자이지만, 변형된 부수까지 합치면 대략 250자가 됩니다. 부수는 사전에 나오는 명칭보다 원래의 음과 뜻을 기억해야 합니다. 예를 들어 宀은 보통 '갓머리 면'이라고 하지만, 원래는 집을 가리키는 것입니다. 따라서 이것을 기억해놓으면 宀이 부수인 한자는 집과 관련이 있다는 것을 알 수 있습니다.

(2) 부수의 변형

부수 글자는 다른 글자와 합쳐져 새로운 글자가 될 경우, 놓여지는 위치에 따라 모양이 달라집니다. 몇 가지 예를 들어보면 다음과 같습니다.

원래의 부수	변형된 부수	원래의 부수	변형된 부수
人 (사람 인)	亻	犬 (개 견)	犭
八 (여덟 팔)	八	玉 (구슬 옥)	王
刀 (칼 도)	刂	示 (보일 시)	礻
川 (내 천)	巛	网 (그물 망)	冈 罒 四 罔
卩 (병부 절)	巳	老 (늙을 로)	耂

원래의 부수	변형된 부수		원래의 부수	변형된 부수	
尤 (절름발이 왕)	尣		肉 (고기 육)	月	
彐 (돼지머리 계)	彐	彑	艸 (풀 초)	艹	
心 (마음 심)	忄	㣺	衣 (옷 의)	衤	
手 (손 수)	扌		襾 (덮을 아)	西	
攴 (칠 복)	攵		辵 (갈 착)	辶	
水 (물 수)	氵	氺	邑 (고을 읍)	阝(우부 방)	
火 (불 화)	灬		阜 (언덕부)	阝(좌부 변)	
爪 (손톱 조)	爫		長 (긴 장)	镸	

부수는 위치에 따라 크게 다음과 같이 나뉩니다.

- 변(邊) : 글자의 왼쪽 부분을 차지하는 부수

- 방(旁) : 글자의 오른쪽 부분을 차지하는 부수

- 관(冠) : 글자의 윗부분을 차지하는 부수

- 각(脚, 발) : 글자의 아랫부분을 차지하는 부수

- 수(垂, 엄호) : 글자의 위에서 왼쪽으로 늘어진 부분을 동시에 차지하고 있는 부수

- 요(繞, 받침) : 글자의 왼쪽에서 밑부분을 동시에 차지하고 있는 부수

- 구(構, 몸) : 글자의 둘레를 차지하고 있는 부수

- 제부수 : 글자 전체가 그대로 부수인 것

(3) 한자의 부수

1획					
一	丨	丶	丿	乙	亅
한 일	뚫을 곤	점 주	삐침 별	새 을	갈고리 궐

2획							
二	亠	人	儿	入	八	冂	冖
두 이	돼지 해	사람 인	어진사람 인	들 입	여덟 팔	멀 경	덮을 멱
冫	几	凵	刀	力	勹	匕	匚
얼음 빙	의자 궤	입벌릴 감	칼 도	힘 력	쌀 포	비수 비	상자 방
匸	十	卜	卩	厂	厶	又	
감출 혜	열 십	점 복	병부 절	언덕 엄	사사 사	또 우	

3획							
口	囗	土	士	夂	夊	夕	大
입 구	에울 위	흙 토	선비 사	뒤져올 치	천천히걸을 쇠	저녁 석	큰 대
女	子	宀	寸	小	尢	尸	屮
계집 녀	아들 자	집 면	마디 촌	작을 소	절름발이 왕	주검 시	싹나올 철
山	巛	工	己	巾	干	幺	广
메 산	내 천	장인 공	몸 기	수건 건	방패 간	작을 요	돌집 엄

廴	廾	弋	弓	彐	彡	彳	
길게걸을 인	손잡을 공	주살 익	활 궁	돼지머리 계	털길 삼	자축거릴 척	

4획

心	戈	戶	手	支	攴	文	斗
마음 심	창 과	지게문 호	손 수	지탱할 지	칠 복	글월 문	말 두
斤	方	无	日	曰	月	木	欠
도끼 근	모 방	없을 무	날 일	말할 왈	달 월	나무 목	하품 흠
止	歹	殳	毋	比	毛	氏	气
그칠 지	살바른뼈 알	창 수	말 무	견줄 비	털 모	성씨 씨	기운 기
水	火	爪	父	爻	爿	片	牙
물 수	불 화	손톱 조	아비 부	점괘 효	널 장	조각 편	어금니 아
牛	犬						
소 우	개 견						

5획

玄	玉	瓜	瓦	甘	生	用	田
검을 현	구슬 옥	오이 과	질그릇 와	달 감	날 생	쓸 용	밭 전
疋	疒	癶	白	皮	皿	目	矛
발 소	병들 녁	걸음 발	흰 백	가죽 피	그릇 명	눈 목	창 모

矢	石	示	內	禾	穴	立	
화살 시	돌 석	보일 시	짐승발자국 유	벼 화	구멍 혈	설 립	

6획							
竹	米	糸	缶	网	羊	羽	老
대 죽	쌀 미	실 사	장군 부	그물 망	양 양	깃 우	늙을 로
而	耒	耳	聿	肉	臣	自	至
말이을 이	쟁기 뢰	귀 이	붓 율	고기 육	신하 신	스스로 자	이를 지
臼	舌	舛	舟	艮	色	艸	虍
절구 구	혀 설	어그러질 천	배 주	그칠 간	빛 색	풀 초	범 호
虫	血	行	衣	襾			
벌레 훼	피 혈	다닐 행	옷 의	덮을 아			

7획							
見	角	言	谷	豆	豸	豕	貝
볼 견	뿔 각	말씀 언	골 곡	콩 두	발없는벌레 치	돼지 시	조개 패
赤	走	足	身	車	辛	辰	辵
붉을 적	달아날 주	발 족	몸 신	수레 거, 차	매울 신	때 신	갈 착
邑	酉	釆	里				
고을 읍	닭 유	분별할 변	마을 리				

8획							
金	長	門	阜	隶	佳	雨	靑
쇠 금	길 장	문 문	언덕 부	근본, 미칠 이	새 추	비 우	푸를 청
非							
아닐 비							

9획							
面	革	韋	韭	音	頁	風	飛
낮 면	가죽 혁	가죽 위	부추 구	소리 음	머리 혈	바람 풍	날 비
食	首	香	馬	骨	高	髟	鬥
밥 식	머리 수	향기 향	말 마	뼈 골	높을 고	터럭 발	싸울 투
鬯	鬲	鬼	魚	鳥	鹵	鹿	麥
향풀 창	솥 력	귀신 귀	고기 어	새 조	소금밭 로	사슴 록	보리 맥
麻	黃	黍	黑	黹	黽	鼎	鼓
삼 마	누를 황	기장 서	검을 흑	바느질할 치	맹꽁이 맹	솥 정	북 고
鼠	鼻	齊	齒	龍	龜	龠	
쥐 서	코 비	가지런할 제	이 치	용 룡	거북 귀	피리 약	

4. 한자의 필순

한자를 쓸 때 획을 긋는 순서를 가리켜 필순(筆順)이라고 합니다. 필순은 한자를 짜임새 있고 편리하게 쓰기 위해 합리적인 순서를 정해 놓은 것입니다. 그런데 이 필순은 개인이나 국가 또는 서체(書體)에 따라 조금씩 달라질 수 있습니다. 이 책에서도 필순을 소개하겠지만, 이것이 절대적인 규칙은 아닙니다. 따라서 아래에서 소개하는 필순의 대원칙을 알고, 이를 지켜서 쓰면 되지 필순까지 완벽하게 외우려 할 필요는 없습니다. 다음은 우리나라에서 일반적으로 쓰이고 있는 필순의 원칙입니다.

첫째, 위에서 아래로 써내려갑니다.
　　　예를 들어 三(석 삼)을 쓸 때는 一 二 三의 순서로 씁니다.

둘째, 왼쪽에서 오른쪽으로 써나갑니다.
　　　예를 들어 川(내 천)을 쓸 때는 丿 丿丨 川의 순서로 씁니다.

셋째, 가로획을 먼저 쓰고 세로획은 나중에 씁니다.
　　　예를 들어 末(끝 말)을 쓸 때는 一을 먼저 쓰고 이후에 세로획을 추가해 末이라고 씁니다.

넷째, 좌우 모양이 대칭인 글자는 가운데 획을 먼저 긋고 왼쪽과 오른쪽 획의 순서로 씁니다.
　　　예를 들어 小(작을 소)를 쓸 때는 亅 亅丿 小의 순서로 씁니다.

다섯째, 가로나 세로로 글자 전체를 꿰뚫는 획은 가장 나중에 씁니다.
　　　예를 들어 中(가운데 중)을 쓸 때는 口부터 쓰고 세로획을 더해 中이라고 씁니다.

여섯째, 삐침(丿)과 파임(乀)이 만날 경우에는 삐침을 먼저 쓰고 파임을 나중에 씁니다.

예를 들어 人(사람 인)을 쓸 때는 ノ 人 의 순서로 씁니다. 또한 文(글월 문)을 쓸 때는 ㅗ ノ 文 의 순서로 씁니다.

일곱째, 몸과 안으로 이루어진 글자는 몸 부분을 먼저 쓰고 안쪽 부분을 나중에 씁니다.
예를 들어 目(눈 목)을 쓸 때는 冂 目 의 순서로 씁니다. 또한 同(같을 동)을 쓸 때도 冂 同 의 순서로 씁니다.

여덟째, 받침이 있는 글자의 경우, 단독 글자로 쓰이는 부수 먼저 쓰고, 그렇지 않은 부수자는 뒤에 씁니다.
예를 들어 起(일어날 기)의 走는 단독으로도 쓰이기 때문에 走 起의 순서로 씁니다. 그러나 近(가까울 근)의 辶은 단독으로 쓰이지 않으며 반드시 받침으로만 사용되므로 斤 近의 순서로 씁니다.

아홉째, 오른쪽 위에 있는 점은 가장 나중에 찍습니다.
예를 들어 代(대신할 대)를 쓸 때는 亻 代 의 순서로 씁니다. 또한 犬(개 견)을 쓸 때도 一 大 犬의 순서로 씁니다.

2 급수별 선정한자 및 교과서 한자어 일람표

▶ 8급 선정한자 ▶ 7급 선정한자 ▶ 6급 선정한자

급수별 선정한자일람표

8급 선정한자

九	아홉 구
口	입 구
女	계집 녀
六	여섯 륙
母	어머니 모
木	나무 목
門	문 문
白	흰 백
父	아버지 부, 남자미칭 보
四	넉 사
山	메 산
三	석 삼
上	위 상
小	작을 소

水	물 수
十	열 십
五	다섯 오
王	임금 왕
月	달 월
二	두 이
人	사람 인
日	날 일
一	한 일
子	아들 자
中	가운데 중
七	일곱 칠
土	흙 토
八	여덟 팔
下	아래 하
火	불 화

7급 선정한자

江	강 강
工	장인 공
金	쇠 금, 성 김
男	사내 남
力	힘 력
立	설 립
目	눈 목
百	일백 백
生	날 생
石	돌 석
手	손 수
心	마음 심
入	들 입
自	스스로 자

足	발 족
川	내 천
千	일천 천
天	하늘 천
出	날 출
兄	맏 형

6급 선정한자

南	남녘 남
內	안 내, 여관(女官) 나
年	해 년
東	동녘 동
同	한가지, 같을 동
名	이름 명
文	글월 문

方	모, 방향 방
夫	지아비, 남편 부
北	북녘 북, 달아날 배
西	서녘 서
夕	저녁 석
少	적을 소
外	바깥 외
正	바를 정
弟	아우 제
主	주인 주
靑	푸를 청
寸	마디 촌
向	향할 향

뜻과 음이 여럿인 한자

[8급]

父	아비 부, 남자미칭 보

[7급]

金	쇠 금, 성 김

[6급]

內	안 내, 여관(女官) 나
北	북녘 북, 달아날 배

교과서한자어 일람표

加熱	가열	問題	문제
角	각	物體	물체
距離	거리	半	반
儉素	검소	反省	반성
結果	결과	發明	발명
計算	계산	方法	방법
苦悶	고민	配列	배열
恭遜	공손	邊	변
共通	공통	分類	분류
觀察	관찰	分離	분리
區間	구간	分數	분수
器具	기구	賞品	상품
朗誦	낭송	垂直	수직
對話	대화	順序	순서
圖形	도형	時間	시간
無關心	무관심	式	식

實踐	실천	着陸	착륙
實驗	실험	最善	최선
安全	안전	特徵	특징
暗誦	암송	評價	평가
役割	역할	平素	평소
溫度	온도	表	표
友愛	우애	標語	표어
利用	이용	表現	표현
理由	이유	合	합
理解	이해	混合物	혼합물
一周	일주	和睦	화목
點	점	化學	화학
種類	종류	活用	활용
周邊	주변	孝道	효도
差	차		
差異	차이		

3 6급 선정한자 풀이

 선정한자풀이

南

남녘 남 부 十 획 9

一 十 冇 冇 南 南

艹(싹나올 철)과 冂(먼데 경)과 ¥(심해질 임)이 어우러진 글자이다. 나무 싹이(艹) 심하게(¥) 자라나 멀리까지(冂) 힘차게 뻗어나가는 모양을 나타냈다. 이때 싹이 자란 방향이 '남쪽'이라는 뜻이다.

南向(남향) : 남쪽으로 향함, 또는 그 방향
南海岸(남해안) : 남쪽에 있는 해안
*向 향할 향 *海 바다 해 *岸 언덕 안

内

안 내, 여관(女官) 나 부 入 획 4

丨 冂 内 内

冂(먼데 경)과 入(들 입)이 어우러진 글자이다. 이때 冂은 한쪽이 열린 울타리를 나타낸 것인데, 이 울타리로 들어가면(入) 그곳이 바로 울타리 '안'이라는 뜻이다.

内服(내복) : 안에 입는 옷, 속옷
校内(교내) : 학교의 안
*服 옷 복 *校 학교 교

年 해 년

부 干　획 6

ノ ト ゲ 느 듬 年

본래는 禾(벼 화)와 千(일천 천)을 합쳐 秊라고 썼다. 그러다가 나중에 쓰기 편하도록 지금처럼 모양이 바뀌었다. 옛날에는 농사가 근본이었기 때문에, 천(千) 개 이상의 많은 벼를(禾) 키워 거둬들이기까지의 기간을 한 해(일 년)로 쳤다. 따라서 '해' 라는 뜻이 되었다.

今年(금년) : 지금 지나가고 있는 이 해, 올해
學年(학년) : 수업하는 과목의 정도에 따라 구분한 학교 교육 단계
＊今 이제 금 ＊學 배울 학

東 동녘 동

부 木　획 8

一 「 「 「 「 「 亘 東 東

木(나무 목)과 日(해, 날 일)이 어우러진 글자이다. 해(日)가 막 떠오르다가 나무(木) 중간에 걸려있는 모습을 나타냈다. 이처럼 해가 떠오르는 방향이 '동쪽' 이라는 뜻이다.

東洋(동양) : 아시아의 동부 및 남부, 한국 · 중국 · 일본 · 인도 · 미얀마 · 태국 · 인도네시아 등
北東風(북동풍) : 북동쪽에서 불어오는 바람
＊洋 큰바다 양 ＊北 북녘 북 ＊風 바람 풍

 한가지, 같을 동 부 口   획 6

一 冂 冂 冋 同 同

冂(겹쳐 덮을 모)와 口(입 구)가 어우러진 글자이다. 여러 사람들의 입에서 나오는 말(口)이 모두
같을 때 흔히 '말이 겹친다(冂)'고 한다. 따라서 '같다'는 뜻이다.

同甲(동갑) : 같은 나이, 또는 나이가 같은 사람
合同(합동) : 둘 이상의 조직이나 개인이 모여 행동이나 일을 함께함
＊甲 갑옷 갑 ＊合 합할 합

 이름 명 부 口   획 6

丿 勹 勺 夕 名 名

夕(저녁 석)과 口(입 구)가 합쳐진 글자이다. 저녁(夕)에는 서로의 얼굴이 보이지 않으므로 입(口)으
로 큰 소리를 내서 이름을 불러야 한다. 따라서 '이름'이라는 뜻이다.

名言(명언) : 사리에 맞는 훌륭한 말
名唱(명창) : 1. 뛰어나게 잘 부르는 노래
         2. 노래를 뛰어나게 잘 부르는 사람
＊言 말씀 언 ＊唱 노래 창

 글월 **문**　　　　부 文　　획 4

、 ㅗ ナ 文

본래는 치장하기 위해서 몸에 그리는 그림, 즉 '무늬'를 뜻하는 글자였다. 그런데 옛날에 글자가 처음 만들어졌을 때는 글자도 그림처럼 그렸기 때문에 '글월'이란 뜻이 되었다.

＊글월 : 글이나 문장을 나타내는 말

文學(문학) : 사상이나 감정을 언어로 표현한 예술, 또는 그런 작품
文身(문신) : 살갗을 바늘로 찔러 먹물이나 물감으로 글씨·그림·무늬 따위를 새기는 것
＊**學** 배울 학　＊**身** 몸 신

文	文				

방, 방향 **방**　　　　부 方　　획 4

、 ㅗ ㅎ 方

언덕이 있는 강가에 배 두 척을 나란히 대 놓은 모양이다. 뱃머리는 항상 목적지를 향해 있으므로 '방향'이라는 뜻이다. 두 척의 배가 모서리를 나란히 하고 서 있으니 '모'라는 뜻도 되었다.

方今(방금) : 말하고 있는 지금보다 바로 조금 전
方向(방향) : 어떤 方位(방위)를 향한 쪽
＊**今** 이제 금　＊**向** 향할 향

方	方				

夫

지아비, 남편 **부**   부 大   획 4

一 二 夫 夫

大(큰 대)와 一(한 일)이 합쳐진 글자이다. 여기서 大는 사람의 머리 모양을, 一은 머리에 꽂는 비녀를 나타낸 것이다. 옛날에는 장가를 가면 남자도 상투에 비녀를 꽂았다. 이렇게 장가간 남자, 즉 남편을 가리켜 '지아비' 라고 한다.

夫婦(부부) : 남편과 아내를 아울러 이르는 말
漁夫(어부) : 물고기 잡는 일을 업으로 하는 사람
＊婦 며느리, 지어미 부 ＊漁 고기잡을 어

夫	夫				

北

북녘 **북**, 달아날 **배**   부 匕   획 5

丨 ㅓ ㅓ 北 北

두 사람이 등을 맞대고 앉아 있는 모습을 본뜬 글자이다. 원래는 서로 '배반하다' 는 뜻이었는데, 나중에 '북쪽' 을 뜻하는 글자가 되었다. 옛날에는 집을 지을 때 남쪽을 향하도록 지었는데, 남쪽과 등을 지고 있는 쪽이 '북쪽' 이기 때문이다.

北斗七星(북두칠성) : 큰곰자리에서 국자 모양을 이루며 뚜렷하게 보이는 일곱 개의 별
北極(북극) : 지축의 북쪽 끝
＊斗 말 두 ＊七 일곱 칠 ＊星 별 성 ＊極 다할 극

北	北				

서녘 **서** | 부 襾 | 획 6

一 丆 丆 丙 西 西

새가 둥지에 앉은 모양을 본뜬 글자이다. 새는 해가 저물 때 둥지로 돌아온다. 해는 동쪽에서 떠서 서쪽으로 저물기 때문에 '서쪽' 이라는 뜻이 되었다.

西洋(서양) : 유럽과 남북 아메리카의 여러 나라를 통틀어 이르는 말
西海岸(서해안) : 서쪽에 있는 바닷가
*洋 큰바다 양 *海 바다 해 *岸 언덕 안

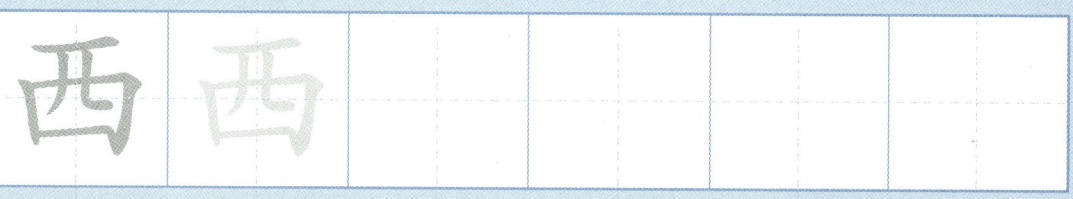

저녁 **석** | 부 夕 | 획 3

丿 勹 夕

초저녁에 뜬 반달의 모양을 본뜬 글자이다. 반달이 뜨는 때는 바로 '저녁' 이라는 뜻이다.

夕陽(석양) : 저녁때의 햇빛, 또는 저녁때의 저무는 해
秋夕(추석) : 우리나라 명절의 하나, 음력 팔월 보름날
*陽 볕 양 *秋 가을 추

적을 **소**   부 小   획 4

丿 小 小 少

小(작을 소)와 丿(삐침 별)이 합쳐진 글자이다. 작은(小) 것의 일부분을 丿와 같은 모양으로 잘라내면 더 작아질 것이다. 때문에 '적다'는 뜻이 되었다. 나이가 적다는 의미에서 '젊다'는 뜻으로도 쓰인다.

少女(소녀) : 아직 완전히 성숙하지 아니한 어린 여자아이
減少(감소) : 양이나 수치가 줄어듦
*女 여자 녀 *減 덜 감

바깥 **외**   부 夕   획 5

丿 ク 夕 夘 外

夕(저녁 석)과 卜(점 복)이 합쳐진 글자이다. 옛날에는 하루 일을 시작하기 전에 점(卜)을 봤기 때문에, 저녁(夕)에 점을(卜) 치는 것은 상식 '밖'의 일이었다. 따라서 '바깥'이라는 뜻이 되었다.

外交(외교) : 다른 나라와 정치적 · 경제적 · 문화적 관계를 맺는 일
外出(외출) : 집이나 근무지 따위에서 벗어나 잠시 밖으로 나감
*交 사귈 교 *出 날 출

正

바를 **정**

부 止　　획 5

一 丁 下 正 正

一(한 일)과 止(그칠 지)가 합쳐진 글자이다. 걸음을 멈추고(止) 두 발을 한 군데(一) 모아 똑바로 서 있는 모습을 나타낸 것이다. 따라서 '바르다' 는 뜻이 되었다.

正答(정답) : 옳은 답
公正(공정) : 공평하고 올바름
*答 답할 답 *公 공변될 공

弟

아우 **제**

부 弓　　획 7

丶 丷 눅 쓸 弚 弟 弟

丫(가닥날 아)와 弓(韋, 가죽 위의 변형자)가 합쳐진 글자이다. 丫자 막대기에 가죽(韋)끈을 감을 때 는 위에서 아래의 순서대로 감는다. 이처럼 형제들도 순서가 있는데, 그 중 아래에 있는 사람은 '아우' 라는 뜻이다.

妹弟(매제) : 1. 누이동생
　　　　　　　2. 손아래 누이의 남편
兄弟(형제) : 형과 아우를 아울러 이르는 말
*妹 누이 매 *兄 맏 형

主 주인 **주**

부 丶 획 5

丶 亠 二 宁 主

촛대 위에서 촛불이 타고 있는 모양을 본뜬 글자이다. 촛불이 방의 중심에 있듯이, 한 가정 또는 가게의 중심은 '주인' 이라는 뜻이다.

主人(주인) : 대상이나 물건 따위를 소유한 사람
主語(주어) : 주요 문장 성분의 하나로, 술어가 나타내는 동작이나 상태의 주체가 되는 말
＊人 사람 인 ＊語 말씀 어

青 푸를 **청**

부 青 획 8

一 ＝ 主 青 青 青 青

生(날 생)과 丹(붉을 단)이 합쳐진 글자이다. 나중에 모양이 지금처럼 바뀌었다. 풀의 싹은 맨 처음 나올(生) 때는 붉은(丹) 빛을 띠지만 자라면서 점차 푸른색으로 변한다. 따라서 '푸르다' 는 뜻이 되었다.

青色(청색) : 파란색
青少年(청소년) : 청년과 소년을 아울러 이르는 말
＊色 빛 색 ＊少 적을 소 ＊年 해 년

寸 마디 촌

부 寸 · 획 3

一 十 寸

寸(又, 손 우의 변형자)와 ヽ(점 주)가 어우러진 글자이다. 손(十)가락을 보면 ヽ모양의 줄이 그어져 있는데, 그 선까지를 손가락 한 '마디'라고 한다. 따라서 '마디'라는 뜻이다.

寸刻(촌각) : 매우 짧은 동안의 시간
寸數(촌수) : 친족 사이의 멀고 가까운 정도를 나타내는 수
*刻 새길 각 *數 셀 수

向 향할 향

부 口 · 획 6

ノ イ イ 向 向 向

宀(집 면)과 口(입 구)가 합쳐진 글자이다. 이때 口는 입이라는 뜻이 아니라, 창문 모양을 따라 그린 것이다. 집(宀)에 있는 창문(口)은 해 뜨는 쪽을 향해있다. 따라서 '향하다'는 뜻이다.

向上(향상) : 실력·수준·기술 따위가 나아짐
趣向(취향) : 하고 싶은 마음이 생기는 방향, 또는 그런 경향
*上 위 상 *趣 뜻 취

南 南
남녘 남

內 內
안 내

年 年
해 년

東 東
동녘 동

同
한가지 동

名
이름 명

文
글월 문

方
모 방

夫 지아비 **부**	夫				
北 북녘 **북**	北				
西 서녘 **서**	西				
夕 저녁 **석**	夕				

少	少				
적을 소					

外	外				
바깥 외					

正	正				
바를 정					

弟	弟				
아우 제					

主	主				
주인 주					

靑	靑				
푸를 청					

寸	寸				
마디 촌					

向	向				
향할 향					

4 기타출제유형 익히기

▶ 교과서한자어 풀이   ▶ 필수 한자성어

교과서 한자어 풀이

加熱
가열

[더할 가 더울 열]
열을 가함, 열이 더 세게 나도록 함

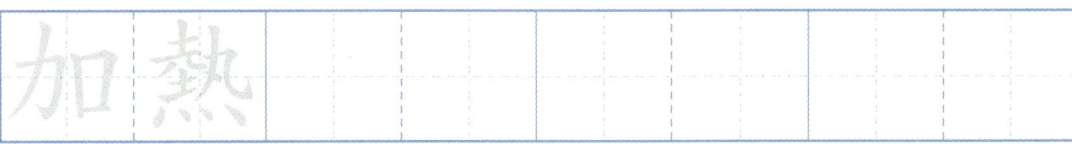

角
각

[뿔 각]
수학에서, 한 점에서 뻗어 나간 두 직선이 만나 이루는 모퉁이

距離
거리

[떨어질 거 떠날 리]
서로 떨어져 있는 두 곳 사이의 길이

儉素
검소

[검소할 검 흴 소]
겉치레하지 않고 수수함, 꾸밈이 없이 무던함

結果
결과

[맺을 결 열매 과]
어떤 까닭으로 말미암아 이루어지는 결말이 생김, 또는 그 결말의 상태

結果

計算
계산

[꾀 계 셀 산]
1. 수량을 셈
2. 식을 통해 수치를 구하여 내는 일

計算

苦悶
고민

[쓸 고 어두울 민]
괴로워하고 속을 태움

苦悶

恭遜
공손

[공손할 공 겸손할 손]
예의 바르고 겸손함

恭遜

共通
공통

[함께 공 통할 통]
여럿 사이에 두루 쓰이거나 관계됨

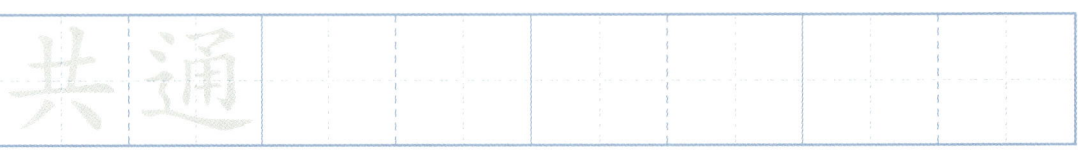

觀察
관찰

[볼 관 살필 찰]
어떤 것의 있는 그대로의 모습이나 일어나는 일을 주의 깊게 살펴봄

區間
구간

[구분할 구 사이 간]
어떤 지점과 다른 지점과의 사이

器具
기구

[그릇 기 도구 구]
1. 세간 · 그릇 · 연장 따위를 통틀어 이르는 말
2. 구조 · 조작 등이 간단한 기계나 도구류

朗誦
낭송

[밝을 랑 욀 송]
소리 내어 읽음

朗誦

對話
대화

[대답할 대 말할 화]
서로 마주 대하여 이야기함, 또는 그 이야기

對話

圖形
도형

[그림 도 모양 형]
1. 그림의 모양
2. 면·선·점 따위가 모여서 이루어진 꼴

圖形

無關心
무관심

[없을 무 빗장 관 마음 심]
관심이 없음

無關心

問題
문제

[물을 문 제목 제]
해답을 필요로 하는 물음

物體
물체

[물건 물 몸 체]
구체적인 형태를 가지고 있는 어떤 것

半
반

[절반 반]
무엇의 절반

反省
반성

[되돌릴 반 살필 성]
자기의 말과 행동, 생각 등의 잘잘못이나 옳고 그름을 깨닫기 위해 스스로를 돌이켜 살핌

發明
발명

[필 발 밝을 명]
새로 생각해 내거나 만들어 냄

發	明								

方法
방법

[모 방 법 법]
어떤 목적을 달성하기 위하여 취하는 수단

方	法								

配列
배열

[짝 배 벌일 렬]
일정한 차례나 간격으로 쭉 벌여 놓음

配	列								

邊
변

[가 변]
1. (어떤 장소나 물건의)가장자리
2. 다각형을 이루는 하나하나의 직선

邊									

分類
분류

[나눌 분 무리 류]
전체를 몇 가지로 구분지어 놓음

分離
분리

[나눌 분 떠날 리]
따로 나뉘어 떨어짐, 또는 그렇게 되게 함

分數
분수

[나눌 분 셈 수]
어떤 수를 다른 수로 나누는 형태로 나타낸 것

賞品
상품

[상줄 상 물건 품]
상으로 주는 물건

垂直
수직

[드리울 수 곧을 직]

1. 똑바로 드리운 모양, 수평에 대하여 직각을 이룬 상태
2. 선과 선, 선과 면, 면과 면이 서로 만나 직각을 이룬 상태

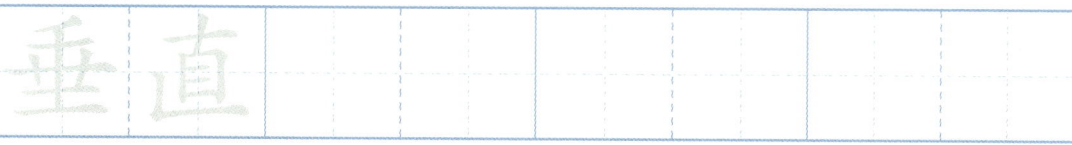

順序
순서

[순할 순 차례 서]

정하여져 있는 차례

時間
시간

[때 시 사이 간]

어떤 시각에서 다른 시각까지의 사이

式
식

[법 식]

수를 법칙으로 만들어 내는 것

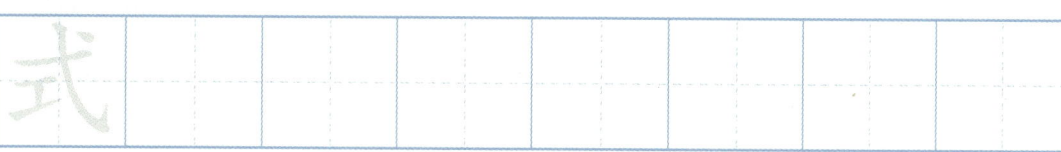

實踐
실천

[실제 실 밟을 천]
실제로 행동함

實	踐						

實驗
실험

[실제 실 시험 험]
실제로 경험하거나 시험함, 또는 그 경험이나 시험

實	驗						

安全
안전

[편안할 안 온전할 전]
위험하지 않음, 위험이 없음, 또는 그러한 상태

安	全						

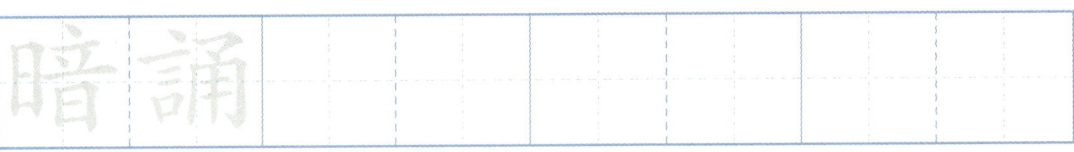

暗誦
암송

[어두울 암 욀 송]
적은 것을 보지 않고 입으로 욈

暗	誦						

役割
역할

[부릴 역 벨 할]
나누어 맡은 구실

溫度
온도

[따뜻할 온 법도 도]
넙고 잔 정도, 또는 그 도수

友愛
우애

[벗 우 사랑 애]
형제간이나 친구 사이의 도타운 정과 사랑

利用
이용

[이로울 리 쓸 용]
물건을 이롭게 쓰거나 쓸모 있게 씀

理由
이유

[다스릴 리 말마암을 유]
까닭, 구실이나 변명

理解
이해

[다스릴 리 풀 해]
(말이나 글의 뜻을)깨쳐 앎

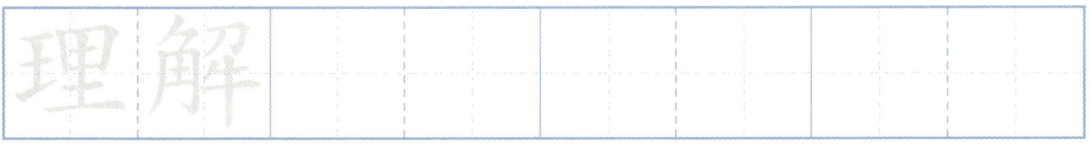

一周
일주

[하나 일 두루 주]
한 바퀴를 돎, 또는 그 한 바퀴

點
점

[점 점]
두드러지게 가리키는 어느 부분이나 요소

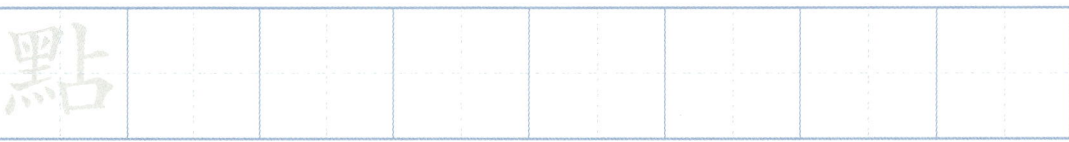

種類
종류

[씨 종 무리 류]
어떤 기준에 따라 나눈 갈래

周邊
주변

[두루 주 가 변]
둘레의 언저리

差
차

[어긋날 차]
1. 서로 다른 정도
2. 수학에서, 어떤 큰 수에서 다른 작은 수를 뺀 나머지

差異
차이

[어긋날 차 다를 이]
서로 차가 짐, 서로 다름

着陸
착륙

[붙을 착 뭍 륙]
뭍에 다다름

着陸

最善
최선

[가장 최 착할 선]
가장 좋거나 훌륭함, 또는 그런 것

最善

特徵
특징

[특별할 특 부를 징]
특별히 눈에 띄는 점

特徵

評價
평가

[평할 평 값 가]
사람이나 어떤 것의 가치를 판단함

評價

平素
평소

[평평할 평 흴 소]
보통 때

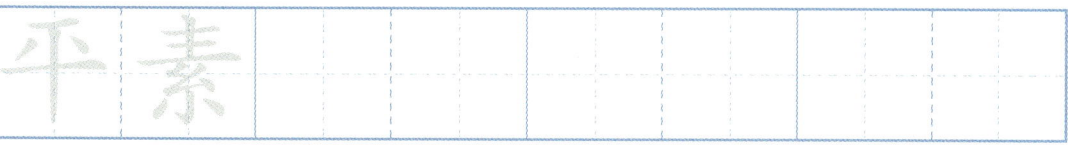

表
표

[겉 표]
중요한 사항을 일정한 순서에 좇아 쭉 벌여 적은 것

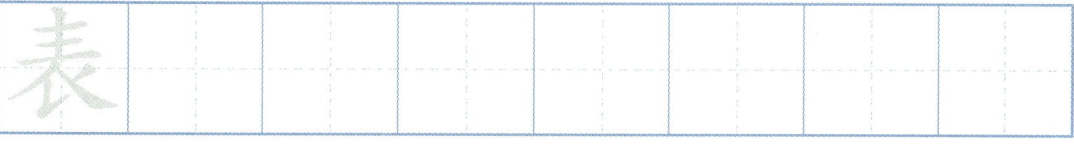

標語
표어

[표할 표 말씀 어]
어떤 의견이나 주장을 알리기 위하여 주요 내용을 간결하게 표현한 짧은 구절

表現
표현

[겉 표 나타날 현]
드러내어 나타냄

合
합

[합할 합]
여럿을 한데 모은 수

混合物
혼합물

[섞을 혼 합할 합 물건 물]
여러 가지가 뒤섞여서 된 물건, 둘 이상의 물질이 각각의 성질을 지니면서 뒤섞이어 있는 것

和睦
화목

[화할 화 화목할 목]
뜻이 맞고 정다움

化學
화학

[될 화 배울 학]
물질이 만들어지고 변하는 것에 대한 연구를 하는 것

活用
활용

[살 활 쓸 용]
그것이 지닌 능력이나 기능을 잘 살려 씀

孝道
효도

[효도 효 길 도]
부모님을 잘 섬김

加	熱	加	熱			
더할 가	더울 열					

角		角				
뿔 각						

距	離	距	離			
떨어질 거	떠날 리					

儉	素	儉	素			
검소할 검	흴 소					

結	果	結	果			
맺을 결	열매 과					

計	算	計	算		
꾀 계	셀 산				

苦	悶	苦	悶		
쓸 고	어두울 민				

恭	遜	恭	遜		
공손할 공	겸손할 손				

共	通	共	通		
함께 공	통할 통				

觀	察	觀	察		
볼 관	살필 찰				

區	間	區	間			
구분할 구	사이 간					

器	具	器	具			
그릇 기	도구 구					

朗	誦	朗	誦			
밝을 랑	욀 송					

對	話	對	話			
대답할 대	말할 화					

圖	形	圖	形			
그림 도	모양 형					

無	關	心	無	關	心		
없을무	빗장관	마음심					

問	題	問	題				
물을문	제목제						

物	體	物	體				
물건물	몸체						

半	半						
절반반							

反	省	反	省				
되돌릴반	살필성						

發	明	發	明			
필 발	밝을 명					

方	法	方	法			
모 방	법 법					

配	列	配	列			
짝 배	벌일 렬					

邊	邊					
가 변						

分	類	分	類			
나눌 분	무리 류					

分 離	分 離			
나눌 분 떠날 리				

分 數	分 數			
나눌 분 셈 수				

賞 品	賞 品			
상줄 상 물건 품				

垂 直	垂 直			
드리울 수 곧을 직				

順 序	順 序			
순할 순 차례 서				

時	間	時	間			
때 시	사이 간					

式	式					
법 식						

實	踐	實	踐			
실제 실	밟을 천					

實	驗	實	驗			
실제 실	시험 험					

安	全	安	全			
편안할 안	온전할 전					

暗 誦	暗 誦				
어두울 암　욀 송					

役 割	役 割				
부릴 역　벨 할					

溫 度	溫 度				
따뜻할 온　법도 도					

友 愛	友 愛				
벗 우　사랑 애					

利 用	利 用				
이로울 리　쓸 용					

理 由	理 由			
다스릴 리 / 말미암을 유				

理 解	理 解			
다스릴 리 / 풀 해				

一 周	一 周			
하나 일 / 두루 주				

點	點			
점 점				

種 類	種 類			
씨 종 / 무리 류				

周	邊	周	邊			
두루 주	가 변					

差	差					
어긋날 차						

差	異	差	異			
어긋날 차	다를 이					

着	陸	着	陸			
붙을 착	뭍 륙					

最	善	最	善			
가장 최	착할 선					

特	徵	特	徵				
특별할 특	부를 징						

評	價	評	價				
평할 평	값 가						

平	素	平	素				
평평할 평	흴 소						

表	表						
겉 표							

標	語	標	語				
표할 표	말씀 어						

表	現	表現				
겉 표	나타날 현					

合	合					
합할 합						

混	合	物	混合物			
섞을 혼	합할 합	물건 물				

和	睦	和睦				
화할 화	화목할 목					

化	學	化學				
될 화	배울 학					

活	用	活	用			
살 활	쓸 용					

孝	道	孝	道			
효도 효	길 도					

필수 한자성어

刻舟求劍
각 주 구 검

[새길 각 배 주 구할 구 칼 검]
'배에 새겨서 칼을 구하다'는 뜻으로, 어리석고 미련하여 융통성이 없음

刻舟求劍

敎外別傳
교 외 별 전

[가르칠 교 바깥 외 다를 별 전할 전]
'가르침 밖에 별도로 전하는 것'이라는 뜻으로, 말이나 문자를 쓰지 않고 마음으로 전해줌

敎外別傳

權不十年
권 불 십 년

[권세 권 아니 불 열 십 해 년]
권세가 십 년을 가지 못함

權不十年

奇想天外
기 상 천 외

[기이할 기 생각 상 하늘 천 바깥 외]
'기이한 생각이 하늘의 바깥에까지 미친다'는 뜻으로, 생각이 기발하고 엉뚱함

奇想天外

杞憂
기 우

[나라이름 기 근심 우]
'기나라 사람의 근심' 이라는 뜻으로, 쓸데없는 걱정을
이르는 말

杞 憂

難兄難弟
난　형　난　제

[어려울 난 맏 형 어려울 난 아우 제]
'형이 낫다고 하기도 어렵고 아우가 낫다고 하기도 어렵
다' 는 뜻으로, 양자 중에 어떤 것이 낫다고 판단하기 어
려움

難 兄 難 弟

南柯一夢
남　가　일　몽

[남녘 남 가지 가 하나 일 꿈 몽]
'남쪽 가지 밑에서의 한 나절의 꿈' 이라는 뜻으로, 헛된
부귀영화나 인생의 덧없음을 이르는 말

南 柯 一 夢

南橘北枳
남　귤　북　지

[남녘 남 귤나무 귤 북녘 북 탱자나무 지]
'강남의 귤을 강북으로 옮겨 심으면 탱자가 된다' 는 뜻
으로, 사람은 주위 환경에 따라 바뀜

南 橘 北 枳

필수 한자성어

内憂外患
내 우 외 환

[안 **내** 근심 **우** 바깥 **외** 근심 **환**]
나라 안팎의 근심거리

内 憂 外 患

内助之功
내 조 지 공

[안 **내** 도울 **조** 갈 **지** 공 **공**]
안에서 돕는 공, 아내가 남편이 바깥 일을 잘 할 수 있도록 도와주는 것

内 助 之 功

大同小異
대 동 소 이

[큰 **대** 한가지 **동** 작을 **소** 다를 **이**]
'거의 같고 조금 다르다'는 뜻으로, 비슷비슷함을 이르는 말

大 同 小 異

東家食西家宿
동 가 식 서 가 숙

[동녘 **동** 집 **가** 먹을 **식** 서녘 **서** 집 **가** 묵을 **숙**]
'동쪽 집에서 먹고 서쪽 집에서 잔다'는 뜻으로, 갈 곳이 없어 여기저기 떠돌아다니며 이 집 저 집에서 얻어먹고 다님

東 家 食 西 家 宿

同苦同樂
동 고 동 락

[한가지 동 괴로울 고 한가지 동 즐거울 락]
괴로움과 즐거움을 같이함

同名異人
동 명 이 인

[한가지 동 이름 명 다를 이 사람 인]
이름은 같으나 사람이 다름

東問西答
동 문 서 답

[동녘 동 물을 문 서녘 서 대답할 답]
'동쪽을 물으니 서쪽을 대답한다' 는 뜻으로, 묻는 말에 대하여 엉뚱한 대답을 함

東奔西走
동 분 서 주

[동녘 동 달릴 분 서녘 서 달릴 주]
'동쪽으로 달리고 서쪽으로 달리다' 는 뜻으로, 여기저기 바쁘게 돌아다님

東西古今
동 서 고 금

[동녘 동 서녘 서 옛 고 이제 금]
'동양과 서양, 옛날과 오늘'이란 뜻으로, 곧 인간사회의 모든 시대와 모든 곳을 이르는 말

東	西	古	今					

東西南北
동 서 남 북

[동녘 동 서녘 서 남녘 남 북녘 북]
'동쪽과 서쪽, 남쪽과 북쪽'이란 뜻으로, 곧 사방을 이르는 말

東	西	南	北					

杜門不出
두 문 불 출

[막을 두 문 문 아니 불 날 출]
문을 닫고 세상 밖으로 나가지 아니함

杜	門	不	出					

馬耳東風
마 이 동 풍

[말 마 귀 이 동녘 동 바람 풍]
'말의 귀에 부는 동쪽 바람'이라는 뜻으로, 남의 의견이나 충고를 귀담아 듣지 않고 흘려버림

馬	耳	東	風					

忘年之交
망 년 지 교

[잊을 망 해 년 갈 지 사귈 교]
'나이를 따지지 않고 사귐'이라는 뜻으로, 나이와 관계 없이 서로 마음이 맞아 친구가 됨

忘年之交

名實相符
명 실 상 부

[이름 명 실제 실 서로 상 들어맞을 부]
'이름과 실상이 서로 들어맞는다'는 뜻으로, 밖으로 알려진 것과 실제의 상황이 서로 일치함

名實相符

矛盾
모 순

[창 모 방패 순]
'창과 방패'라는 뜻으로, 말이나 행동의 앞뒤가 서로 맞지 않음

矛盾

刎頸之交
문 경 지 교

[목벨 문 목 경 갈 지 사귈 교]
'목을 베어 줄 수 있는 사귐'이라는 뜻으로, 생사를 같이 할 수 있는 매우 소중한 친구를 이르는 말

刎頸之交

文房四友
문 방 사 우

[글월문 방방 넉사 벗우]
'서재에 있어야 할 네 가지 벗'이란 뜻으로, 종이·붓·
벼루·먹을 이르는 말

文房四友

聞一知十
문 일 지 십

[들을문 하나일 알지 열십]
'하나를 들으면 열을 안다'는 뜻으로, 매우 총명한 경우
를 이르는 말

聞一知十

百年河淸
백 년 하 청

[일백백 해년 물하 맑을청]
'황하의 물이 맑기를 기다린다'는 뜻으로, 아무리 바라
고 기다려도 실현될 가망성이 없음

百年河淸

百年偕老
백 년 해 로

[일백백 해년 함께해 늙을로]
'백년을 함께 늙음'이라는 뜻으로, 부부가 되어 되어 서
로 늙을 때까지 화락함

百年偕老

北窓三友
북 창 삼 우

[북녘 북 창 창 석 삼 벗 우]
'북쪽 창가의 세 명의 벗'이라는 뜻으로, 거문고·술·詩(시)를 이르는 말

北窓三友

不立文字
불 립 문 자

[아니 불 설 립 글월 문 글자 자]
'문자로써 세우지 않는다'는 뜻으로, 깨달음은 마음에서 마음으로 전해지는 것이지 말이나 문자로 전해지는 것이 아님

不立文字

事必歸正
사 필 귀 정

[일 사 반드시 필 돌아갈 귀 바를 정]
'일은 반드시 바른 곳으로 돌아간다'는 뜻으로, 모든 잘 잘못은 반드시 바른 곳으로 돌아가게 되어 있음

事必歸正

三顧草廬
삼 고 초 려

[석 삼 돌아볼 고 풀 초 오두막집 려]
'초가집을 세 번 찾아간다'는 뜻으로, 사람을 진심으로 예를 갖추어 맞이함

三顧草廬

三尺童子
삼 척 동 자

[석 삼 자 척 아이 동 아들 자]
키가 석 자에 불과한 어린아이

三尺童子

水魚之交
수 어 지 교

[물 수 물고기 어 갈 지 사귈 교]
'물과 물고기의 사귐' 이라는 뜻으로, 매우 친밀하여 떨어질 수 없는 사이를 이르는 말

水魚之交

外柔內剛
외 유 내 강

[바깥 외 부드러울 유 안 내 굳셀 강]
겉모습은 부드럽고 순하게 보이나 마음 속은 단단하고 굳셈

外柔內剛

有名無實
유 명 무 실

[있을 유 이름 명 없을 무 실제 실]
'이름만 있고 실제 내용은 없다' 는 뜻으로, 알려진 이름만큼 실제 내용이 미치지 못함

有名無實

一朝一夕
일 조 일 석

[하나 일 아침 조 하나 일 저녁 석]
'하루 아침 하루 저녁'이라는 뜻으로, 아주 짧은 시일을
이르는 말

一寸光陰
일 촌 광 음

[하나 일 마디 촌 빛 광 그늘 음]
아주 짧은 시간

張三李四
장 삼 이 사

[베풀 장 석 삼 오얏 리 넉 사]
'장씨 집의 셋째 아들과 이씨 집의 넷째 아들'이라는 뜻
으로, 평범한 보통 사람을 이르는 말

正正堂堂
정 정 당 당

[바를 정 바를 정 마땅 당 마땅 당]
태도와 처지가 바르고 떳떳함

此日彼日
차 일 피 일

[이차 날일 저피 날일]
'이날이다 저날이다' 하며 약속이나 기한을 자꾸 미룸

此日彼日

青山流水
청 산 유 수

[푸를청 메산 흐를류 물수]
'푸른 산에 흐르는 물'처럼 말을 거침없이 잘함

青山流水

青雲之志
청 운 지 지

[푸를청 구름운 갈지 뜻지]
'푸른 구름의 뜻'이라는 뜻으로, 입신출세하려는 의지를 이르는 말

青雲之志

青天白日
청 천 백 일

[푸를청 하늘천 흰백 날일]
'푸른 하늘에 밝은 날'이라는 뜻으로, 훤하게 밝은 대낮을 이르는 말

青天白日

靑出於藍
청 출 어 람

[푸를 청 날 출 어조사 어 쪽 람]
'푸른색은 쪽풀에서 나온다(그러나 쪽이 가진 빛깔보다 더 푸르다)'는 뜻으로, 제자가 스승보다 뛰어난 경우를 이르는 말

靑 出 於 藍

泰山北斗
태 산 북 두

[클 태 메 산 북녘 북 별이름 두]
1. 세상 사람들로부터 존경받는 사람
2. 어떤 전문 분야에서의 권위자

泰 山 北 斗

八方美人
팔 방 미 인

[여덟 팔 방위 방 아름다울 미 사람 인]
'어느 모로 보나 아름다운 미인'이라는 뜻으로, 여러 방면에 능통한 사람을 이르는 말

八 方 美 人

匹夫匹婦
필 부 필 부

[홑 필 지아비 부 홑 필 지어미 부]
'한 명의 남편과 한 명의 아내'라는 뜻으로, 평범한 보통 사람을 이르는 말

匹 夫 匹 婦

螢雪之功

형 설 지 공

[개똥벌레 형 눈 설 갈 지 공 공]

'개똥벌레와 눈으로 이룬 공'이라는 뜻으로, 고생하면서도 꾸준히 공부한 보람을 이르는 말

螢雪之功

花朝月夕

화 조 월 석

[꽃 화 아침 조 달 월 저녁 석]

꽃이 피는 아침과 달이 뜨는 저녁

花朝月夕

會者定離

회 자 정 리

[모일 회 놈 자 정할 정 떠날 리]

'만난 사람은 반드시 헤어진다'는 뜻으로, 인생의 무상함을 이르는 말

會者定離

興盡悲來

흥 진 비 래

[흥할 흥 다할 진 슬플 비 올 래]

'즐거운 일이 다하면 슬픈 일이 온다'는 뜻으로, 세상의 일은 순환됨

興盡悲來

刻	舟	求	劍	刻	舟	求	劍
새길 각	배 주	구할 구	칼 검				

敎	外	別	傳	敎	外	別	傳
가르칠 교	바깥 외	다를 별	전할 전				

權	不	十	年	權	不	十	年
권세 권	아니 불	열 십	해 년				

奇	想	天	外	奇	想	天	外
기이할 기	생각 상	하늘 천	바깥 외				

杞	憂	杞	憂				
나라이름 기	근심 우						

難	兄	難	弟	難	兄	難	弟
어려울 난	맏 형	어려울 난	아우 제				

南	柯	一	夢	南	柯	一	夢
남녘 남	가지 가	하나 일	꿈 몽				

南	橘	北	枳	南	橘	北	枳
남녘 남	굴나무 굴	북녘 북	탱자나무 지				

内	憂	外	患	内	憂	外	患
안 내	근심 우	바깥 외	근심 환				

内	助	之	功	内	助	之	功
안 내	도울 조	갈 지	공 공				

大	同	小	異		
큰 대	한가지 동	작을 소	다를 이		

東	家	食	西	家	宿
동녘 동	집 가	먹을 식	서녘 서	집 가	묵을 숙

同	苦	同	樂		
한가지 동	괴로울 고	한가지 동	즐거울 락		

同	名	異	人		
한가지 동	이름 명	다를 이	사람 인		

東	問	西	答		
동녘 동	물을 문	서녘 서	대답할 답		

東	奔	西	走	東	奔	西	走
동녘 동	달릴 분	서녘 서	달릴 주				

東	西	古	今	東	西	古	今
동녘 동	서녘 서	옛 고	이제 금				

東	西	南	北	東	西	南	北
동녘 동	서녘 서	남녘 남	북녘 북				

杜	門	不	出	杜	門	不	出
막을 두	문 문	아니 불	날 출				

馬	耳	東	風	馬	耳	東	風
말 마	귀 이	동녘 동	바람 풍				

忘	年	之	交	忘 年 之 交
잊을 망	해 년	갈 지	사귈 교	

名	實	相	符	名 實 相 符
이름 명	실제 실	서로 상	들어맞을 부	

矛	盾	矛 盾
창 모	방패 순	

刎	頸	之	交	刎 頸 之 交
목벨 문	목 경	갈 지	사귈 교	

文	房	四	友	文 房 四 友
글월 문	방 방	넉 사	벗 우	

聞	一	知	十		聞 一 知 十
들을 문	하나 일	알 지	열 십		

百	年	河	淸		百 年 河 淸
일백 백	해 년	물 하	맑을 청		

百	年	偕	老		百 年 偕 老
일백 백	해 년	함께 해	늙을 로		

北	窓	三	友		北 窓 三 友
북녘 북	창 창	석 삼	벗 우		

不	立	文	字		不 立 文 字
아니 불	설 립	글월 문	글자 자		

事	必	歸	正	事	必	歸	正
일 사	반드시 필	돌아갈 귀	바를 정				

三	顧	草	廬	三	顧	草	廬
석 삼	돌아볼 고	풀 초	오두막집 려				

三	尺	童	子	三	尺	童	子
석 삼	자 척	아이 동	아들 자				

水	魚	之	交	水	魚	之	交
물 수	물고기 어	갈 지	사귈 교				

外	柔	內	剛	外	柔	內	剛
바깥 외	부드러울 유	안 내	굳셀 강				

有	名	無	實				
있을 유	이름 명	없을 무	실제 실				

一	朝	一	夕				
하나 일	아침 조	하나 일	저녁 석				

一	寸	光	陰				
하나 일	마디 촌	빛 광	그늘 음				

張	三	李	四				
베풀 장	석 삼	오얏 리	넉 사				

正	正	堂	堂				
바를 정	바를 정	마땅 당	마땅 당				

此	日	彼	日	此	日	彼	日
이 차	날 일	저 피	날 일				

青	山	流	水	青	山	流	水
푸를 청	메 산	흐를 류	물 수				

青	雲	之	志	青	雲	之	志
푸를 청	구름 운	갈 지	뜻 지				

青	天	白	日	青	天	白	日
푸를 청	하늘 천	흰 백	날 일				

青	出	於	藍	青	出	於	藍
푸를 청	날 출	어조사 어	쪽 람				

泰	山	北	斗	泰	山	北	斗
클 태	메 산	북녘 북	별이름 두				

八	方	美	人	八	方	美	人
여덟 팔	방위 방	아름다울 미	사람 인				

匹	夫	匹	婦	匹	夫	匹	婦
홑 필	지아비 부	홑 필	지어미 부				

螢	雪	之	功	螢	雪	之	功
개똥벌레 형	눈 설	갈 지	공 공				

花	朝	月	夕	花	朝	月	夕
꽃 화	아침 조	달 월	저녁 석				

會	者	定	離	會	者	定	離
모일 회	놈 자	정할 정	떠날 리				

興	盡	悲	來	興	盡	悲	來
흥할 흥	다할 진	슬플 비	올 래				

5 실전대비 예상·기출문제

▶ 한자자격시험 예상문제   ▶ 한자자격시험 기출문제
▶ 정답 및 답안지

한자자격시험 예상문제 [1회]

객관식 (1~30번)

● 다음 [ ] 안의 한자와 음(소리)이 같은 한자는?

1. [南] ① 男 ② 目 ③ 名 ④ 二
2. [自] ① 三 ② 子 ③ 北 ④ 少
3. [夫] ① 十 ② 年 ③ 力 ④ 父
4. [門] ① 生 ② 內 ③ 文 ④ 石
5. [川] ① 火 ② 王 ③ 六 ④ 千

● 다음 [ ] 안의 한자와 뜻이 상대(반대)되는 한자는?

6. [外] ① 寸 ② 七 ③ 目 ④ 內
7. [東] ① 西 ② 南 ③ 北 ④ 一

● 다음 〈보기〉의 낱말들과 관련이 깊은 한자는?

8. 보기 동쪽 서쪽 북쪽
   ① 七 ② 方 ③ 日 ④ 木

9. 보기 해돋이 방위 아침
   ① 名 ② 石 ③ 靑 ④ 東

10. 보기 철수 호칭 성명
    ① 兄 ② 目 ③ 名 ④ 方

● 다음 문장 중 한자어의 독음(소리)이 바른 것은?

11. 짙은 안개 때문에도 불구하고 비행기는 **着陸**에 성공하였다.
    ① 거리 ② 착륙 ③ 시도 ④ 강제

12. 그릇은 끓는 물로 **加熱**하여 소독한다.
    ① 가열 ② 침착 ③ 분리 ④ 독립

13. 젊은이들은 노인들을 **恭遜**하게 대하여야 한다.
    ① 친절 ② 우대 ③ 공손 ④ 효도

14. 동생은 드라마에서 할아버지 **役割**을 맡았다.
    ① 배역 ② 열할 ③ 연출 ④ 공연

15. 모든 일에는 **順序**가 있다.
    ① 방법 ② 실험 ③ 순서 ④ 대화

● 다음 설명이 뜻하는 한자어는?

16. 주의, 주장, 강령 따위를 간결하게 나타낸 짧은 어구
    ① 標語 ② 配列 ③ 周邊 ④ 混合

17. 크게 소리를 내어 글을 읽거나 욈
    ① 距離 ② 溫度 ③ 特徵 ④ 朗誦

18. 사물이나 현상을 주의하여 자세히 살펴봄
    ① 時間 ② 表現 ③ 觀察 ④ 孝道

19. 아직까지 없던 기술이나 물건을 새로 생각하여 만들어 냄
    ① 發明 ② 理解 ③ 平素 ④ 計算

20. 위험이 생기거나 사고가 날 염려가 없음, 또는 그런 상태
    ① 器具 ② 安全 ③ 圖形 ④ 化學

● 다음 문장의 ( ) 안에 들어갈 적당한 뜻을 가진 한자는?

21. 산에 올라 넓고 편편한 ( ) 위에 앉았다.
    ① 石 ② 入 ③ 心 ④ 王

22. 우리 회사에서 탁구 실력은 내가 ( )이다.
    ① 母 ② 王 ③ 工 ④ 十

● 다음 □ 안의 한자어를 바르게 읽은 것은?

23. 最善
　① 하교　② 최선　③ 어민　④ 분류

24. 實踐
　① 실천　② 동해　③ 어문　④ 지리

25. 共通
　① 도로　② 물건　③ 수학　④ 공통

● 다음 글을 읽고 밑줄 친 낱말이 뜻하는 한자를 〈보기〉에서 찾아 번호를 쓰시오.

우리 민족은 반만 26)년이라는 긴 세월 동안 우리 고유의 문화를 만들어 왔으며 우리는 조상들이 남긴 아름다운 전통을 27)바르게 계승하고 발전시켜야 한다.

| 보기 | ① 正 | ② 年 | ③ 入 | ④ 名 |

26. (　　　)　　27. (　　　)

28)하늘은 높고 해와 달은 밝으며
땅은 두터우며 풀과 나무가 가라 도다.
봄이 오니 배꽃이 29)하얗고
30)여름이 오니 나뭇잎이 푸르도다.
　　　　　　　　　　　-추구집-

| 보기 | ① 白 | ② 春 | ③ 天 | ④ 夏 |

28. (　　　)　　29. (　　　)　　30. (　　　)

주관식 (31~80번)

● 다음 한자의 훈(뜻)과 음(소리)을 쓰시오.

31. 同 (　　　　)　　　32. 足 (　　　　)

33. 下 (　　　)　　　34. 月 (　　　)

35. 天 (　　　)　　　36. 土 (　　　)

37. 上 (　　　)　　　38. 九 (　　　)

39. 青 (　　　)　　　40. 北 (　　　)

● 다음 □ 안에 공통으로 들어갈 한자를 〈보기〉에서 찾아 쓰시오.

| 보기 | 方　　金　　母 |

41. 父□, □女, □子 (　　　　)

42. 東□, □向, 百□ (　　　　)

● [가로열쇠]와 [세로열쇠]를 읽고, 빈칸에 공통으로 들어갈 한자를 쓰시오.

43.

| 　 | 同 | 가로열쇠 | 사람의 이름 |
| 人 | 　 | 세로열쇠 | 같은 이름 |

44.

| 男 | 　 | 가로열쇠 | 여성으로 태어난 사람 |
| 　 | 子 | 세로열쇠 | 남자와 여자를 아울러 이르는 말 |

● 다음 한자어의 독음(소리)을 〈보기〉와 같이 쓰시오.

| 보기 | 一 日 (일일) |

45. 四寸 (　　　)　　46. 配列 (　　　)

47. 名手 (　　　)　　48. 主上 (　　　)

49. 賞品 (　　　)　　50. 江山 (　　　)

51. 休日 (　　　)　　52. 少女 (　　　)

53. 實驗 (　　　)　　54. 自力 (　　　)

55. 和睦 (　　　)　　56. 心中 (　　　)

57. 文人 (　　　)　　58. 友愛 (　　　)

● 다음 설명이 뜻하는 단어를 〈보기〉와 같이 한자로 쓰시오.

보기	상하 : 위와 아래 (上下)

59. 다소 : 어느 정도 많고 적음 (   )

60. 외출 : 밖에 나감 (   )

● 다음 문장 중 한자어의 독음(소리)을 쓰시오.

61. 이 일은 가치관에 관한 問題이다.
(　　　)

62. 저도 나름대로 苦悶이 있어요. (   )

63. 그들은 여러 화제로 對話의 꽃을 피우고 있었다. (   )

64. 청동기와 문자의 發明에 따라 문명이 급속히 발전하게 되었다. (   )

65. 나는 平素부터 제주도에 가 보고 싶었다.
(　　　)

● 다음 문장 중 ( ) 안의 단어를 한자로 쓰시오.

66. 작년 4월 20일 (일기)에는 나무를 심은 내용이 적혀 있었다. (   )

67. 두 학교는 (동일) 날짜에 시험을 치게 되었다. (   )

68. 대도시 근교의 (인구)가 증가하다.
(　　　)

69. (일출) 장면은 언제나 신비스럽게 느껴진다. (   )

70. 우리는 식당의 (입구) 쪽에 자리를 잡았다.
(　　　)

● 다음 훈(뜻)과 음(소리)에 맞는 한자를 〈보기〉와 같이 쓰시오.

보기	한 일 (一)

71. 일백　백 (   )

72. 안　　내 (   )

73. 문　　문 (   )

74. 흰　　백 (   )

75. 저녁　석 (   )

76. 물　　수 (   )

77. 바를　정 (   )

78. 해　　년 (   )

79. 맏　　형 (   )

80. 설　　립 (   )

한자자격시험 예상문제 [2회]

객관식 (1~30번)

● 다음 [ ] 안의 한자와 음(소리)이 같은 한자는?

1. [夕] ① 石 ② 天 ③ 母 ④ 父
2. [夫] ① 力 ② 東 ③ 父 ④ 男
3. [木] ① 二 ② 中 ③ 上 ④ 目
4. [文] ① 水 ② 門 ③ 立 ④ 江
5. [男] ① 南 ② 六 ③ 小 ④ 工

● 다음 [ ] 안의 한자와 뜻이 상대(반대)되는 한자는?

6. [弟] ① 寸 ② 西 ③ 兄 ④ 金
7. [男] ① 下 ② 女 ③ 月 ④ 方

● 다음 〈보기〉의 낱말들과 관련이 깊은 한자는?

8. 보기 밤 초승 둥근
　　① 金 ② 月 ③ 六 ④ 足

9. 보기 산 바다 하늘
　　① 火 ② 月 ③ 青 ④ 男

10. 보기 작가 수필 시
　　① 六 ② 文 ③ 石 ④ 文

● 다음 문장 중 한자어의 독음(소리)이 바른 것은?

11. 연기는 낭연처럼 하늘을 향해 **垂直**으로 피어오르고 있다.
　　① 표현 ② 직선 ③ 직각 ④ 수직

12. 잠시 **分離**되었던 단체들이 재통합되었다.
　　① 분류 ② 분점 ③ 분리 ④ 분합

13. 존댓말의 발달은 우리말의 두드러진 **特徵**이다.
　　① 특징 ② 특성 ③ 환경 ④ 이유

14. 그 형제는 **友愛**가 넘친다.
　　① 우정 ② 사랑 ③ 우애 ④ 거리

15. 과거 제도는 관리를 택용하는 **方法** 중의 하나였다.
　　① 방향 ② 방법 ③ 종류 ④ 역할

● 다음 설명이 뜻하는 한자어는?

16. 어떤 내용을 일정한 형식과 순서에 따라 보기 쉽게 나타낸 것
　　① 表 ② 角 ③ 式 ④ 半

17. 일정한 차례나 간격에 따라 벌여 놓음
　　① 朗誦 ② 關心 ③ 配列 ④ 周邊

18. 어떤 지점과 다른 지점과의 사이
　　① 問題 ② 物體 ③ 利用 ④ 區間

19. 과학에서, 이론이나 현상을 관찰하고 측정함
　　① 發明 ② 反省 ③ 順序 ④ 實驗

20. 생각이나 느낌 따위를 언어나 몸짓 따위의 형상으로 드러내어 나타냄
　　① 標語 ② 表現 ③ 加熱 ④ 計算

● 다음 문장의 ( ) 안에 들어갈 적당한 뜻을 가진 한자는?

21. 그는 혼신의 ( )을 다해 달렸다.
　　① 主 ② 力 ③ 千 ④ 文

22. 그녀는 ( ) 옷을 만들어 입었다.
　　① 自 ② 山 ③ 向 ④ 江

● 다음 □ 안의 한자어를 바르게 읽은 것은?

23. 結果
　　① 분리　② 분류　③ 결과　④ 종류

24. 分數
　　① 구문　② 분수　③ 품질　④ 구간

25. 平素
　　① 평소　② 판정　③ 우성　④ 우상

● 다음 글을 읽고 밑줄 친 낱말이 뜻하는 한자를 〈보기〉에서 찾아 번호를 쓰시오.

내 26)동생 27)이름은 종윤이입니다. 나와 종윤이는 형제 사이입니다. 종윤이는 올해 유치원에 28)들어갑니다. 좋아하는 운동은 태권도이고 좋아하는 음식은 해물입니다.

| 보기 | ① 兄 | ② 弟 | ③ 入 | ④ 名 |

26. (　　)　　27. (　　)　　28. (　　)

해는 29)동쪽에서 떠서 30)서쪽으로 집니다.

| 보기 | ① 北 | ② 南 | ③ 西 | ④ 東 |

29. (　　)　　30. (　　)

주관식 (31~80번)

● 다음 한자의 훈(뜻)과 음(소리)을 쓰시오.

31. 金 (　　　)　　32. 年 (　　　)

33. 夫 (　　　)　　34. 下 (　　　)

35. 寸 (　　　)　　36. 北 (　　　)

37. 千 (　　　)　　38. 同 (　　　)

39. 正 (　　　)　　40. 西 (　　　)

● 다음 □ 안에 공통으로 들어갈 한자를 〈보기〉에서 찾아 쓰시오.

| 보기 | 主　金　天 |

41. □人, 天□, □上 (　　　)

42. 靑□, □下, □心 (　　　)

● [가로열쇠]와 [세로열쇠]를 읽고, 빈칸에 공통으로 들어갈 한자를 쓰시오.

43.
| 　口 | | 가로열쇠 | 들어가는 통로 |
| 門 | | 세로열쇠 | 무엇을 배우는 처음에 들어 섬 |

44.
| 内 | | 가로열쇠 | 밖으로 나감 |
| 　出 | | 세로열쇠 | 안과 밖 |

● 다음 한자어의 독음(소리)을 〈보기〉와 같이 쓰시오.

| 보기 | 一 日 (일 일) |

45. 出口 (　　　)　　46. 種類 (　　　)

47. 自足 (　　　)　　48. 文人 (　　　)

49. 恭遜 (　　　)　　50. 南北 (　　　)

51. 器具 (　　　)　　52. 東向 (　　　)

53. 評價 (　　　)　　54. 正心 (　　　)

55. 活用 (　　　)　　56. 手足 (　　　)

57. 出生 (　　　)　　58. 孝道 (　　　)

● 다음 설명이 뜻하는 단어를 〈보기〉와 같이 한자로 쓰시오.

| 보기 | 상하 : 위와 아래 (上下) |

59. 소녀 : 아직 완전히 성숙하지 아니한 어린 여자아이 (　　　)

60. 동년 : 같은 해, 같은 나이 (   )

● 다음 문장 중 한자어의 독음(소리)을 쓰시오.

61. 달리기에서 1등을 한 학생에게 공책을 **賞品**으로 주었다. (   )

62. 그는 숫자와 관련된 **計算**에 약하다.
　(   )

63. 대중교통의 **利用**은 출퇴근 시간의 혼잡을 줄이는 최선의 방책이다. (   )

64. 내 동생은 장난감에 **無關心** 했다.
　(   )

65. 숙제를 하지 않은 것에 대해 **反省**했다.
　(   )

● 다음 문장 중 ( ) 안의 단어를 한자로 쓰시오.

66. 삼촌이 오신다는 말을 듣고 (내심) 반가웠다. (   )

67. 그는 식당에 (생수)를 공급하는 일을 하고 있다. (   )

68. 방안에는 책들이 (사방)으로 흩어져 있었다. (   )

69. (청천) 하늘엔 잔별도 많다. (   )

70. (소자)를 널리 굽어 살펴 주시옵소서.
　(   )

● 다음 훈(뜻)과 음(소리)에 맞는 한자를 〈보기〉와 같이 쓰시오.

보기	한 일 (一)

71. 강　　강 (   )

72. 눈　　목 (   )

73. 가운데 중 (   )

74. 손　　수 (   )

75. 장인　공 (   )

76. 스스로 자 (   )

77. 내　　천 (   )

78. 돌　　석 (   )

79. 어미　모 (   )

80. 흰　　백 (   )

한자자격시험 예상문제 [3회]

객관식 (1~30번)

● 다음 [ ] 안의 한자와 음(소리)이 같은 한자는?

1. [口] ①九 ②力 ③川 ④東
2. [小] ①口 ②水 ③少 ④女
3. [天] ①父 ②川 ③少 ④子
4. [石] ①目 ②百 ③月 ④夕
5. [東] ①主 ②同 ③男 ④父

● 다음 [ ] 안의 한자와 뜻이 상대(반대)되는 한자는?

6. [北] ①江 ②南 ③土 ④西
7. [內] ①入 ②工 ③外 ④母

● 다음 〈보기〉의 낱말들과 관련이 깊은 한자는?

8. 보기 행복함 기쁨 슬픔
   ①中 ②木 ③心 ④江

9. 보기 안경 바라 봄 안과
   ①門 ②目 ③自 ④目

10. 보기 낙동 한 댐
    ①江 ②石 ③心 ④工

● 다음 문장 중 한자어의 독음(소리)이 바른 것은?

11. 그는 儉素와 절약의 미덕을 지녔다.
    ① 미모 ② 안내 ③ 거리 ④ 검소

12. 각자 맡은 바 役割을 다하다.
    ① 노력 ② 역할 ③ 인내 ④ 노동

13. 우편물을 지역별로 分類하여야 한다.
    ① 분류 ② 분리 ③ 통합 ④ 분해

14. 이것과 저것은 差異가 있다.
    ① 원리 ② 기구 ③ 차이 ④ 물체

15. 뭐니 뭐니 해도 집안의 和睦이 제일이다.
    ① 운동 ② 건강 ③ 화목 ④ 자금

● 다음 설명이 뜻하는 한자어는?

16. 어떤 시각에서 어떤 시각까지의 사이
    ① 商品 ② 賞品 ③ 安全 ④ 時間

17. 여러 가지가 뒤섞여서 이루어진 물질
    ① 混合物 ②順序 ③ 實踐 ④ 孝道

18. 크게 소리를 내어 글을 읽거나 욈
    ① 觀察 ② 苦悶 ③ 對話 ④ 朗誦

19. 어떤 물질에 열을 가함
    ① 圖形 ② 加熱 ③ 反省 ④ 理解

20. 구체적인 형태를 가지고 있는 것
    ① 結果 ② 觀察 ③ 物體 ④ 利用

● 다음 문장의 (   ) 안에 들어갈 적당한 뜻을 가진 한자는?

21. 내 친구 무빈이는 이번 올림픽에서 (   )메달을 획득했다.
    ① 金 ② 土 ③ 東 ④ 正

22. 남침반이 있어야 (   )을 알 수 있다.
    ① 九 ② 日 ③ 方 ④ 立

● 다음 □ 안의 한자어를 바르게 읽은 것은?

23. 式
    ① 시 ② 식 ③ 실 ④ 심

24. 暗誦
    ① 암송 ② 암기 ③ 생수 ④ 공연

25. 表現

① 미로　　② 공통　　③ 분수　　④ 표현

● 다음 글을 읽고 밑줄 친 부분이 뜻하는 한자를 〈보기〉에서 찾아 번호를 쓰시오.

> 성탄절에 내린 ²⁶⁾하얀 눈이 담장 ²⁷⁾안까지 가득 쌓였다.

보기　　① 白　　② 六　　③ 内　　④ 外

26. (　　　)　　　27. (　　　)

> 아버지와 버스를 타고 ²⁸⁾남쪽으로 두 시간을 달려가니 ²⁹⁾푸른 바다가 나를 반기고 있었다. 바닷가 백사장을 ³⁰⁾발로 밟고 지나가니 발자국이 깊이 남았다.

보기　　① 靑　　② 内　　③ 足　　④ 南

28. (　　　)　　29. (　　　)　　30. (　　　)

주관식 (31~80번)

● 다음 한자의 훈(뜻)과 음(소리)을 쓰시오.

31. 夫 (　　　)　　　32. 少 (　　　)

33. 同 (　　　)　　　34. 江 (　　　)

35. 兄 (　　　)　　　36. 主 (　　　)

37. 寸 (　　　)　　　38. 内 (　　　)

39. 天 (　　　)　　　40. 白 (　　　)

● 다음 □ 안에 공통으로 들어갈 한자를 〈보기〉에서 찾아 쓰시오.

보기　手　工　年

41. 木□, □中, □足 (　　　)

42. 日□, □入, □生 (　　　)

● [가로열쇠]와 [세로열쇠]를 읽고, 빈칸에 공통으로 들어갈 한자를 쓰시오.

43.

内	가로열쇠	남쪽으로 향함
南	세로열쇠	안쪽으로 향함

44.

四	가로열쇠	어떤 방위를 향한 쪽
向	세로열쇠	동서남북 네 방향

● 다음 한자어의 독음(소리)을 〈보기〉와 같이 쓰시오.

보기　一 日 (일일)

45. 年下 (　　　)　　46. 父母 (　　　)

47. 特徵 (　　　)　　48. 名文 (　　　)

49. 周邊 (　　　)　　50. 百日 (　　　)

51. 發明 (　　　)　　52. 自立 (　　　)

53. 水木 (　　　)　　54. 木手 (　　　)

55. 理解 (　　　)　　56. 外出 (　　　)

57. 晝學 (　　　)　　58. 北西 (　　　)

● 다음 설명이 뜻하는 단어를 〈보기〉와 같이 한자로 쓰시오.

보기　상하 : 위와 아래(上下)

59. 서향 : 서쪽 방향 (　　　)

60. 인명 : 사람의 이름 (　　　)

● 다음 문장 중 한자어의 독음(소리)을 쓰시오.

61. 드디어 苦悶을 해결했다. (　　　)

62. 꼭짓점이 셋 이상인 圖形에는 삼각형도 포함된다. (　　　)

63. 그는 **平素**에도 한자공부를 열심히 한다.
( )

64. 그는 오늘 **理由** 없이 화를 냈다.
( )

65. 바람이 많이 불어 체감 **溫度**가 더 낮게
느껴졌다. ( )

● 다음 문장 중 ( ) 안의 단어를 한자로 쓰
시오.

66. 종민이와 종윤이는 (형제)간에 우애있게
지낸다. ( )

67. (청천)하늘에 날벼락이라는 말이 있다.
( )

68. 그의 (출생) 과정은 좀 특이하다.
( )

69. 무슨 좋은 (방법)이 없을까? ( )

70. 그 건물의 내부는 (출구)를 찾기가 어려워
보였다. ( )

● 다음 훈(뜻)과 음(소리)에 맞는 한자를
〈보기〉와 같이 쓰시오.

보기	한 일 (一)

71. 장인 공 ( )

72. 힘 력 ( )

73. 내 천 ( )

74. 여덟 팔 ( )

75. 푸를 청 ( )

76. 들 입 ( )

77. 달 월 ( )

78. 아래 하 ( )

79. 사람 인 ( )

80. 물 수 ( )

한자자격시험 예상문제 [4회]

객관식 (1~30번)

● 다음 [ ] 안의 한자와 음(소리)이 같은 한자는?

1. [父] ① 夫 ② 江 ③ 靑 ④ 夕
2. [天] ① 夫 ② 男 ③ 川 ④ 四
3. [子] ① 自 ② 六 ③ 正 ④ 夕
4. [同] ① 金 ② 西 ③ 土 ④ 東
5. [九] ① 月 ② 口 ③ 外 ④ 出

● 다음 [ ] 안의 한자와 뜻이 상대(반대)되는 한자는?

6. [大] ① 力 ② 文 ③ 向 ④ 小
7. [西] ① 木 ② 二 ③ 東 ④ 火

● 다음 〈보기〉의 낱말들과 관련이 깊은 한자는?

8. 보기 이모 누나 어머니
　　 ① 同 ② 女 ③ 千 ④ 小

9. 보기 하늘 색깔 바다
　　 ① 靑 ② 心 ③ 大 ④ 八

10. 보기 가지 줄기 뿌리
　　 ① 入 ② 木 ③ 目 ④ 四

● 다음 문장 중 한자어의 독음(소리)이 바른 것은?

11. 옛 어른들은 **孝道**를 으뜸가는 덕목으로 꼽으셨다
　　 ① 충성 ② 효도 ③ 겸손 ④ 검소

12. 그녀는 매우 **儉素**하고 간결하게 살고 있다.
　　 ① 절약 ② 친절 ③ 소박 ④ 검소

13. 이 경기의 승리는 노력의 **結果**이다
　　 ① 산물 ② 분신 ③ 결과 ④ 신화

14. 그 **問題**를 초등학생이 풀기에는 상당히 어렵다.
　　 ① 문제 ② 사건 ③ 질문 ④ 분수

15. 그는 어떤 상황에서도 **最善**의 노력을 다 해야겠다는 생각뿐이었다.
　　 ① 최고 ② 최선 ③ 최대 ④ 최소

● 다음 설명이 뜻하는 한자어는?

16. 서로 나뉘어 떨어짐, 또는 그렇게 되게 함
　　 ① 種類 ② 分離 ③ 標語 ④ 共通

17. 자기가 마땅히 하여야 할 맡은 바 직책이나 임무
　　 ① 加熱 ② 理解 ③ 理由 ④ 役割

18. 둘 또는 그 이상의 여럿 사이에 두루 통하고 관계됨
　　 ① 共通 ② 苦悶 ③ 結果 ④ 無關心

19. 생각한 바를 실제로 행함
　　 ① 分離 ② 一周 ③ 實踐 ④ 利用

20. 비행기 따위가 공중에서 활주로나 판판한 곳에 내림
　　 ① 反省 ② 着陸 ③ 發明 ④ 和睦

● 다음 문장의 ( ) 안에 들어갈 적당한 뜻을 가진 한자는?

21. ( )과 함께 할머니댁에 갔습니다.
　　 ① 二 ② 足 ③ 川 ④ 兄

22. 내가 문구점에 갔을 때는 ( )이 없었습니다.
　　 ① 主 ② 夕 ③ 九 ④ 立

● 다음 □ 안의 한자어를 바르게 읽은 것은?

23. 方法
① 도형 ② 방법 ③ 방향 ④ 물체

24. 分數
① 분리 ② 특징 ③ 수직 ④ 분수

25. 評價
① 표현 ② 실험 ③ 평가 ④ 상품

● 다음 글을 읽고 밑줄 친 낱말이 뜻하는 한자를 〈보기〉에서 찾아 번호를 쓰시오.

극장 26)안에는 사람들이 많이 모여 있었지만 27)밖에는 아무도 없었습니다.

보기 ① 內 ② 寸 ③ 方 ④ 外

26. (   )   27. (   )

나는 28)아버지와 어머니와 남동생과 대공원에 갔습니다. 대공원에서 점심도 먹고 놀이기구도 탔습니다. 29)푸른 하늘을 보니 내 30)마음도 상쾌했습니다.

보기 ① 靑 ② 父 ③ 心 ④ 東

28. (   )   29. (   )   30. (   )

주관식 (31~80번)

● 다음 한자의 훈(뜻)과 음(소리)을 쓰시오.

31. 生 (   )   32. 金 (   )

33. 石 (   )   34. 六 (   )

35. 名 (   )   36. 正 (   )

37. 天 (   )   38. 女 (   )

39. 小 (   )   40. 方 (   )

● 다음 □ 안에 공통으로 들어갈 한자를 〈보기〉에서 찾아 쓰시오.

보기 四 主 年

41. 天□, □人, 自□ (   )

42. 百□, □下, 靑□ (   )

● [가로열쇠]와 [세로열쇠]를 읽고, 빈칸에 공통으로 들어갈 한자를 쓰시오.

| 43. | 主 | 가로열쇠 | 사람의 힘 |
| | 人 | 세로열쇠 | 중심이 되는 힘, 또는 그런 세력 |

| 44. | 外 | 가로열쇠 | 돈을 내어 쓰거나 내어 줌 |
| | 金 | 세로열쇠 | 집이나 근무지에서 벗어나 잠시 밖으로 나감 |

● 다음 한자어의 독음(소리)을 〈보기〉와 같이 쓰시오.

보기 一 日 (일 일)

45. 四寸 (   )   46. 觀察 (   )

47. 向上 (   )   48. 名文 (   )

49. 利用 (   )   50. 同心 (   )

51. 六角 (   )   52. 南東 (   )

53. 賞品 (   )   54. 父兄 (   )

55. 表現 (   )   56. 主文 (   )

57. 江下 (   )   58. 一周 (   )

● 다음 설명이 뜻하는 단어를 〈보기〉와 같이 한자로 쓰시오.

보기 상하 : 위와 아래(上下)

59. 동서 : 동쪽과 서쪽 (   )

60. 남녀 : 남자와 여자 (   )

● 다음 문장 중 한자어의 독음(소리)을 쓰시오.

61. 드디어 그가 발표할 **順序**가 되었다.
(   )

62. 우리들의 문제를 **對話**로 풀어 보자.
(   )

63. 재래시장에는 물건의 **種類**가 다양하다.
(   )

64. 국가의 **安全**을 지키는 일은 매우 중요하다. (   )

65. 예린이와 예원이는 **友愛**가 좋습니다.
(   )

● 다음 문장 중 (   ) 안의 단어를 한자로 쓰시오.

66. 아름다운 금수(강산). (   )

67. (사월) 오일은 식목일입니다. (   )

68. 약을 구하기 위해 (백방)으로 돌아다녔다.
(   )

69. 보통의 경우 집은 (남향)으로 짓는다.
(   )

70. 시골에 비하면 도시의 (인구)밀도가 높다.
(   )

● 다음 훈(뜻)과 음(소리)에 맞는 한자를 〈보기〉와 같이 쓰시오.

보기	한 일 (一)

71. 장인   공 (   )

72. 일곱   칠 (   )

73. 윗   상 (   )

74. 흰   백 (   )

75. 메   산 (   )

76. 문   문 (   )

77. 스스로 자 (   )

78. 발   족 (   )

79. 북녘   북 (   )

80. 저녁   석 (   )

한자자격시험 기출문제 [1회]

객관식 (1~30번)

● 다음 [ ] 안의 한자와 음(소리)이 같은 한자는?

1. [千] ① 南 ② 力 ③ 川 ④ 東
2. [九] ① 口 ② 水 ③ 人 ④ 女
3. [小] ① 父 ② 火 ③ 少 ④ 子
4. [白] ① 目 ② 百 ③ 月 ④ 日
5. [夫] ① 主 ② 內 ③ 男 ④ 父

● 다음 [ ] 안의 한자와 뜻이 상대(반대)되는 한자는?

6. [東] ① 江 ② 金 ③ 土 ④ 西
7. [出] ① 入 ② 工 ③ 山 ④ 母

● 다음 〈보기〉의 낱말들과 관련이 깊은 한자는?

8. | 보기 | 한강 댐 낚시 |
   ① 中 ② 木 ③ 兄 ④ 江

9. | 보기 | 안과 눈물 안경 |
   ① 門 ② 目 ③ 自 ④ 下

10. | 보기 | 기쁘다 즐겁다 슬프다 |
    ① 生 ② 石 ③ 心 ④ 六

● 다음 문장 중 한자어의 독음(소리)이 바른 것은?

11. 사각형의 네 角의 합은 360도이다.
    ① 선 ② 도 ③ 면 ④ 각

12. 우리 자매는 共通점이 많다.
    ① 공통 ② 유사 ③ 공동 ④ 공용

13. 과학 실험실에는 비커, 스포이트 등의 실험 器具들이 잘 갖추어져 있다.
    ① 기공 ② 기적 ③ 견공 ④ 기구

14. 저녁시간에 가족들과 많은 對話를 나눴다.
    ① 걱정 ② 대담 ③ 대화 ④ 식사

15. 오늘 같은 날씨에는 뱃길을 利用해서 가는 것이 더 안전하다.
    ① 이용 ② 활용 ③ 통용 ④ 이동

● 다음 설명이 뜻하는 한자어는?

16. 아직까지 없던 기술이나 물건을 새로 생각하여 만들어 냄
    ① 距離 ② 分數 ③ 發明 ④ 垂直

17. 비행기 따위가 공중에서 활주로나 판판한 곳에 내림
    ① 着陸 ② 理解 ③ 加熱 ④ 區間

18. 여러 가지가 뒤섞여서 이루어진 물질
    ① 最善 ② 反省
    ③ 朗誦 ④ 混合物

19. 주의, 주장 따위를 간결하게 나타낸 짧은 어구
    ① 標語 ② 配列 ③ 物體 ④ 和睦

20. 사물의 가치나 수준을 평함
    ① 種類 ② 苦悶 ③ 評價 ④ 平素

● 다음 문장의 ( ) 안에 들어갈 적당한 뜻을 가진 한자는?

21. 서해안 갯벌에서 종일 놀았더니 바지가 온통 ( )투성이다.
    ① 川 ② 少 ③ 土 ④ 手

22. 추석날 밤에는 보름(   )에 소원을 빈다.
　　① 心　　② 月　　③ 百　　④ 入

● 다음 □ 안의 한자어를 바르게 읽은 것은?

23. 半
　　① 판　　② 우　　③ 감　　④ 반

24. 差異
　　① 차이　　② 차별　　③ 착각　　④ 착공

25. 暗誦
　　① 낭송　　② 암송　　③ 암기　　④ 음용

● 다음 글을 읽고 밑줄 친 부분이 뜻하는 한자를 〈보기〉에서 찾아 번호를 쓰시오.

산타할아버지의 선물 공장은 26)하얀 눈으로 가득 덮힌 지구의 27)남쪽 끝 깊은 곳에 숨어 있다.

| 보기 | ① 南　② 十　③ 白　④ 六 |

26. (　　　)　　　27. (　　　)

나는 지난 토요일 아침 국립도서관에 갔다. 열람실 28)안에는 다섯 명 정도의 학생들이 공부를 하고 있었고, 29)작은 말소리도 들리지 않았다. 나는 30)바른 자세로 책상에 앉아 책을 읽었다.

| 보기 | ① 外　② 內　③ 正　④ 小 |

28. (　　)　　29. (　　)　　30. (　　)

주관식 (31~80번)

● 다음 한자의 훈(뜻)과 음(소리)을 쓰시오.

31. 夕 (　　　)　　32. 母 (　　　)

33. 北 (　　　)　　34. 火 (　　　)

35. 向 (　　　)　　36. 力 (　　　)

37. 水 (　　　)　　38. 弟 (　　　)

39. 五 (　　　)　　40. 方 (　　　)

● 다음 □ 안에 공통으로 들어갈 한자를 〈보기〉에서 찾아 쓰시오.

| 보기 | 工　土　年 |

41. 木□, □夫, 石□, (　　　)

42. 靑□, □上, 同□, (　　　)

● [가로열쇠]와 [세로열쇠]를 읽고, 빈칸에 공통으로 들어갈 한자를 쓰시오.

43.

| 中 | 가로열쇠 | 남에게 의지하지 아니하고 스스로 섬 |
| 自 | 세로열쇠 | 어느 편에 치우치지 않고 그 중간에 서는 일 |

44.

| 名 | 가로열쇠 | 문예 창작에 종사하는 사람 |
| 人 | 세로열쇠 | 뛰어나게 잘 지은 글 |

● 다음 한자어의 독음(소리)을 〈보기〉와 같이 쓰시오.

| 보기 | 一 日 (　일일　) |

45. 八寸 (　　　)　　46. 自生 (　　　)

47. 安全 (　　　)　　48. 西門 (　　　)

49. 役割 (　　　)　　50. 外出 (　　　)

51. 溫度 (　　　)　　52. 手足 (　　　)

53. 靑天 (　　　)　　54. 女王 (　　　)

55. 順序 (　　　)　　56. 山中 (　　　)

57. 友愛 (　　　)　　58. 正立 (　　　)

● 다음 설명이 뜻하는 단어를 〈보기〉와 같이 한자로 쓰시오.

보기	상하 : 위와 아래 (上下)

59. 북향 : 북쪽 방향 (　　　)

60. 동명 : 같은 이름 (　　　)

● 다음 문장 중 한자어의 독음(소리)을 쓰시오.

61. 내 동생은 책 읽기는 좋아하지만 운동에는 **無關心**하다. (　　　)

62. 과학실험이 끝나고 **觀察**일기를 썼다.
(　　　)

63. 우리 집 **周邊**에는 키가 큰 나무들이 많이 있다. (　　　)

64. 이 물고기는 노란 지느러미와 까만 몸통이 **特徵**이다. (　　　)

65. 말만 앞서는 사람보다는 **實踐**하는 사람이 되어야 한다. (　　　)

● 다음 문장 중 (　) 안의 단어를 한자로 쓰시오.

66. 이순신 장군은 일본의 침략에 대비해 해상 방어에 (주력)했다. (　　　)

67. (칠석)날 하늘에는 아름다운 은하수가 펼쳐진다. (　　　)

68. 《헨젤과 그레텔》은 독일의 동화작가 그림 (형제)의 대표작이다. (　　　)

69. 우리 언니는 웬만한 (남자)아이들보다 힘이 세다. (　　　)

70. 사자는 먹이를 찾아 천천히 (사방)을 둘러보았다. (　　　)

● 다음 훈(뜻)과 음(소리)에 맞는 한자를 〈보기〉와 같이 쓰시오.

보기	한 일 (一)

71. 푸를　청 (　　　)

72. 마디　촌 (　　　)

73. 바깥　외 (　　　)

74. 열　　십 (　　　)

75. 돌　　석 (　　　)

76. 날　　생 (　　　)

77. 발　　족 (　　　)

78. 임금　왕 (　　　)

79. 여섯　륙 (　　　)

80. 한가지 동 (　　　)

객관식 (1~30번)

● 다음 [ ] 안의 한자와 음(소리)이 같은 한자는?

1. [川] ①千 ②南 ③生 ④五
2. [石] ①中 ②上 ③夕 ④名
3. [少] ①十 ②小 ③父 ④人
4. [百] ①母 ②門 ③下 ④白
5. [目] ①木 ②西 ③天 ④正

● 다음 [ ] 안의 한자와 뜻이 상대(반대)되는 한자는?

6. [內] ①同 ②外 ③工 ④九
7. [兄] ①弟 ②東 ③日 ④水

● 다음 〈보기〉의 낱말들과 관련이 깊은 한자는?

8. 보기 신발 양말 발자국
   ①金 ②子 ③六 ④足

9. 보기 대보름 옥토끼 초승달
   ①火 ②月 ③土 ④男

10. 보기 하늘 바다 소나무
    ①七 ②木 ③江 ④青

● 다음 문장 중 한자어의 독음(소리)이 바른 것은?

11. 그는 배울 點이 많은 사람이다.
    ①점 ②각 ③표 ④면

12. 우주비행선이 안전하게 着陸했다.
    ①양육 ②이륙 ③착륙 ④착지

13. 여러 가지 圖形의 특징을 알아보자.
    ①고체 ②고형 ③도체 ④도형

14. 대회 우승 賞品으로 자전거를 받았다.
    ①상품 ②상장 ③표창 ④선물

15. 어른께서 물으시면 恭遜하게 대답해야 한다.
    ①공경 ②친절 ③침착 ④공손

● 다음 설명이 뜻하는 한자어는?

16. 가장 좋고 훌륭함
    ①特徵 ②最善 ③對話 ④評價

17. 서로 같지 아니하고 다름
    ①朗誦 ②種類 ③計算 ④差異

18. 글을 보지 아니하고 소리 내어 욈
    ①役割 ②發明 ③暗誦 ④實驗

19. 일정한 차례나 간격에 따라 벌여 놓음
    ①配列 ②表現 ③化學 ④和睦

20. 어떠한 결론이나 결과에 이른 까닭이나 근거
    ①加熱 ②理由 ③友愛 ④利用

● 다음 문장의 ( ) 안에 들어갈 적당한 뜻을 가진 한자는?

21. ( )에는 별들이 반짝거리고 있었다.
    ①年 ②小 ③天 ④寸

22. 아무리 경치가 좋은 금강( )이라 해도 배가 부른 뒤에야 구경할 맘이 난다.
    ①山 ②力 ③小 ④白

● 다음 □ 안의 한자어를 바르게 읽은 것은?

23. 分類
    ①분리 ②분류 ③불리 ④종류

24. ☐ 區間 ☐
  ① 구문　② 품목　③ 품질　④ 구간

25. ☐ 反省 ☐
  ① 반성　② 판정　③ 우성　④ 우상

● 다음 글을 읽고 밑줄 친 낱말이 뜻하는 한자를 〈보기〉에서 찾아 번호를 쓰시오.

석수장이는 아내에게 예쁜 목걸이를 선물하기로 26)마음을 먹었다. 그는 창고로 내려가 빛깔이 좋은 원석을 골랐다. 그리고 27)모가 난 곳에 정을 대기 시작했다.

보기	① 千　② 心　③ 月　④ 方

26. (　　　)　　27. (　　　)

백두대간은 백두산에서 시작해 28)동쪽의 해안선을 끼고 29)남쪽을 30)향해 줄기를 뻗어 내려와 태백산을 거쳐 지리산까지 이르는 우리 국토의 큰 줄기를 이루는 산맥을 말한다.

보기	① 向　② 西　③ 東　④ 南

28. (　　　)　　29. (　　　)　　30. (　　　)

주관식 (31~80번)

● 다음 한자의 훈(뜻)과 음(소리)을 쓰시오.

31. 少 (　　　)　　32. 金 (　　　)

33. 火 (　　　)　　34. 下 (　　　)

35. 水 (　　　)　　36. 靑 (　　　)

37. 主 (　　　)　　38. 文 (　　　)

39. 夫 (　　　)　　40. 北 (　　　)

● 다음 ☐ 안에 공통으로 들어갈 한자를 〈보기〉에서 찾아 쓰시오.

보기	同　金　名

41. ☐門, ☐手, 人☐(　　　)

42. ☐一, ☐生, ☐年(　　　)

● [가로열쇠]와 [세로열쇠]를 읽고, 빈칸에 공통으로 들어갈 한자를 쓰시오.

43.

	力	가로열쇠	자기 혼자의 힘
足		세로열쇠	스스로 만족함

44.

石		가로열쇠	학문이나 기술을 배우고 익힘
	夫	세로열쇠	돌을 다루어 물건을 만드는 장인

● 다음 한자어의 독음(소리)을 〈보기〉와 같이 쓰시오.

보기	一日 (일 일)

45. 西山 (　　　)　　46. 物體 (　　　)

47. 生水 (　　　)　　48. 自主 (　　　)

49. 共通 (　　　)　　50. 四方 (　　　)

51. 孝道 (　　　)　　52. 內心 (　　　)

53. 垂直 (　　　)　　54. 人文 (　　　)

55. 儉素 (　　　)　　56. 父母 (　　　)

57. 靑年 (　　　)　　58. 活用 (　　　)

● 다음 설명이 뜻하는 단어를 〈보기〉와 같이 한자로 쓰시오.

보기	상하 : 위와 아래(上下)

59. 정북 : 똑바른 북쪽 (　　　)

60. 출금 : 돈을 쓰기 위해 꺼내는 일 (　　　)

● 다음 문장 중 한자어의 독음(소리)을 쓰시오.

61. **結果**도 중요하지만 과정도 중요하다.
( )

62. 친구의 입장을 **理解**하려고 노력했다.
( )

63. 연습을 많이 했으니 이정도쯤은 **問題** 없다. ( )

64. 언제나 명랑한 내 짝꿍에게 **苦悶** 같은 건 없어 보였다. ( )

65. 야채나 과일을 보관하기에 가장 적정한 **溫度**는 2~4도 이다. ( )

● 다음 문장 중 ( ) 안의 단어를 한자로 쓰시오.

66. 5월은 '계절의 (여왕)' 이라고도 불린다.
( )

67. 집중력 (향상)을 위해 조용한 음악을 들었다. ( )

68. 결혼을 하지 않은 아버지의 형제를 (삼촌) 이라고 한다. ( )

69. 공연장 (입구)에는 많은 사람들이 줄을 서 있었다. ( )

70. 스위스는 세계대전에서 어느 쪽에도 서지 않는 (중립)을 선언했다. ( )

● 다음 훈(뜻)과 음(소리)에 맞는 한자를 〈보기〉와 같이 쓰시오.

보기	한 일 (一)

71. 저녁 석 ( )

72. 강 강 ( )

73. 사내 남 ( )

74. 흙 토 ( )

75. 힘 력 ( )

76. 날 출 ( )

77. 손 수 ( )

78. 지아비부 ( )

79. 바깥 외 ( )

80. 아우 제 ( )

객관식 (1~30번)

● 다음 [ ] 안의 한자와 음(소리)이 같은 한자는?

1. [九] ① 口 ② 正 ③ 年 ④ 五
2. [同] ① 夫 ② 四 ③ 向 ④ 東
3. [文] ① 主 ② 江 ③ 門 ④ 西
4. [子] ① 自 ② 工 ③ 弟 ④ 少
5. [千] ① 十 ② 川 ③ 三 ④ 出

● 다음 [ ] 안의 한자와 뜻이 상대(반대)되는 한자는?

6. [手] ① 内 ② 寸 ③ 足 ④ 白
7. [南] ① 外 ② 北 ③ 月 ④ 山

● 다음 〈보기〉의 낱말들과 관련이 깊은 한자는?

8. 보기 잎 가지 꽃
   ① 七 ② 女 ③ 日 ④ 木

9. 보기 김순이 이철수 박영희
   ① 名 ② 石 ③ 青 ④ 八

10. 보기 눈물 안경 눈동자
    ① 兄 ② 目 ③ 立 ④ 方

● 다음 문장 중 한자어의 독음(소리)이 바른 것은?

11. 번호 順序대로 청소 당번이 정해졌다.
    ① 질서 ② 순차 ③ 차례 ④ 순서

12. 우리 할아버지는 부지런하고 儉素하시다.
    ① 근엄 ② 절약 ③ 검소 ④ 침착

13. 집안이 和睦하면 모든 일이 잘 된다.
    ① 화목 ② 행복 ③ 화합 ④ 행사

14. 형은 어려운 수학 問題도 척척 풀어낸다.
    ① 사실 ② 문제 ③ 사건 ④ 문책

15. 눈 먼 아버지께 孝道한 심청의 이야기는 매우 감동적이었다.
    ① 효심 ② 인사 ③ 효도 ④ 자청

● 다음 설명이 뜻하는 한자어는?

16. 따뜻함과 차가움의 정도
    ① 溫度 ② 着陸 ③ 差異 ④ 計算

17. 어떤 원인으로 결말이 생김
    ① 種類 ② 加熱 ③ 對話 ④ 結果

18. 말이나 행동이 겸손하고 예의 바름
    ① 理由 ② 恭遜 ③ 配列 ④ 化學

19. 세간, 도구, 기계 따위를 통틀어 이르는 말
    ① 反省 ② 圖形 ③ 器具 ④ 評價

20. 둘 또는 그 이상의 여럿 사이에 두루 통하고 관계됨
    ① 共通 ② 理解 ③ 苦悶 ④ 物體

● 다음 문장의 ( ) 안에 들어갈 적당한 뜻을 가진 한자는?

21. 즐거운 ( )으로 소풍을 갑니다.
    ① 出 ② 入 ③ 心 ④ 王

22. 축구를 하러 ( )으로 나갔습니다.
    ① 母 ② 外 ③ 工 ④ 十

● 다음 □ 안의 한자어를 바르게 읽은 것은?

23. 周邊
    ① 주변 ② 동변 ③ 동상 ④ 주말

24. 標語
   ① 방언 ② 속담 ③ 언어 ④ 표어

25. 時間
   ① 소문 ② 시문 ③ 시간 ④ 지문

● 다음 글을 읽고 밑줄 친 낱말이 뜻하는 한자를 <보기>에서 찾아 번호를 쓰시오.

보리피리

박경종

푸른 보리 이삭들이 긴 목을 빼들고
26)파란 입 벌리고 하품을 하면은
27)하얀 입김이 아지랑이 되어서
무럭무럭 좋아라 28)하늘로 오른다.

| 보기 | ① 天 | ② 南 | ③ 靑 | ④ 白 |

26. ( )   27. ( )   28. ( )

아기별

윤태웅

29)서산 너머 해님이
숨바꼭질할 때에
수풀 속에 새 집에는
촛30)불 하나 켜 났죠.

| 보기 | ① 土 | ② 火 | ③ 北 | ④ 西 |

29. ( )   30. ( )

주관식 (31~80번)

● 다음 한자의 훈(뜻)과 음(소리)을 쓰시오.

31. 金 ( )   32. 同 ( )

33. 寸 ( )   34. 夕 ( )

35. 正 ( )   36. 內 ( )

37. 向 ( )   38. 石 ( )

39. 東 ( )   40. 方 ( )

● 다음 □ 안에 공통으로 들어갈 한자를 <보기>에서 찾아 쓰시오.

| 보기 | 四 | 生 | 年 |

41. 千□, 中□, 少□ ( )

42. 一□, □水, □日 ( )

● [가로열쇠]와 [세로열쇠]를 읽고, 빈칸에 공통으로 들어갈 한자를 쓰시오.

43.

| | 人 | | 가로열쇠 | 물의 힘 |
| 水 | | | 세로열쇠 | 사람의 힘 |

44.

| 出 | | | 가로열쇠 | 돈이 들어옴, 또는 들어온 돈 |
| | 金 | | 세로열쇠 | 나가고 들어감 |

● 다음 한자어의 독음(소리)을 <보기>와 같이 쓰시오.

| 보기 | 一 日 (일 일) |

45. 百方 ( )   46. 觀察 ( )

47. 七夕 ( )   48. 石手 ( )

49. 利用 ( )   50. 自主 ( )

51. 六角 ( )   52. 八寸 ( )

53. 賞品 ( )   54. 土木 ( )

55. 表現 ( )   56. 正心 ( )

57. 名工 ( )   58. 一周 ( )

● 다음 설명이 뜻하는 단어를 <보기>와 같이 한자로 쓰시오.

| 보기 | 상하 : 위와 아래 (上下) |

59. 남녀 : 남자와 여자 ( )

60. 부모 : 아버지와 어머니 (   )

● 다음 문장 중 한자어의 독음(소리)을 쓰시오.

61. 학교에서 **分數**의 덧셈을 배웠다.
  (   )

62. 나는 **平素**에 피아노 치기를 좋아한다.
  (   )

63. 우리 집은 학교에서 가까운 **距離**에 있다.
  (   )

64. 최초로 전구를 **發明**한 사람은 에디슨이다.
  (   )

65. **安全**한 곳에서 물놀이를 해야 한다.
  (   )

● 다음 문장 중 (   ) 안의 단어를 한자로 쓰시오.

66. 우리 (형제)는 아침마다 운동을 한다.
  (   )

67. 친구들의 다툼에 나는 (중립)을 선언했다.
  (   )

68. 우리나라는 (강산)이 아름답기로 유명하다.
  (   )

69. 나는 어린이날이 있는 (오월)을 가장 좋아
  한다. (   )

70. (외출)을 할 때에는 문단속을 잘 하여야
  한다. (   )

● 다음 훈(뜻)과 음(소리)에 맞는 한자를 〈보기〉와 같이 쓰시오.

보기	한 일 (一)

71. 지아비 부 (   )

72. 적을 소 (   )

73. 푸를 청 (   )

74. 아래 하 (   )

75. 장인 공 (   )

76. 눈   목 (   )

77. 발   족 (   )

78. 흰   백 (   )

79. 임금 왕 (   )

80. 아들 자 (   )

정답

예상문제 1회

| 객관식 |

1.①   2.②   3.④   4.③   5.④   6.④   7.①
8.②   9.④   10.③   11.②   12.①   13.③   14.②
15.③   16.①   17.④   18.③   19.①   20.②   21.①
22.②   23.②   24.①   25.④   26.②   27.①   28.③
29.①   30.④

| 주관식 |

31. 한가지 동   32. 발 족   33. 아래 하   34. 달 월   35. 하늘 천   36. 흙 토   37. 위 상
38. 아홉 구   39. 푸를 청   40. 북녘 북   41. 母   42. 方   43. 名   44. 女
45. 사촌   46. 배열   47. 명수   48. 주상   49. 상품   50. 강산   51. 휴일
52. 소녀   53. 실험   54. 지력   55. 회목   56. 심중   57. 문인   58. 우애
59. 多少   60. 外出   61. 문제   62. 고민   63. 대화   64. 발명   65. 평소
66. 日記   67. 同一   68. 人口   69. 日出   70. 入口   71. 百   72. 內
73. 門   74. 白   75. 夕   76. 水   77. 正   78. 年   79. 兄
80. 立

예상문제 2회

| 객관식 |

1.①   2.③   3.④   4.②   5.①   6.③   7.②
8.②   9.③   10.④   11.④   12.③   13.①   14.③
15.②   16.①   17.③   18.④   19.④   20.②   21.②
22.①   23.③   24.②   25.①   26.②   27.④   28.③
29.④   30.③

| 주관식 |

31. 쇠 금   32. 해 년   33. 지아비 부   34. 아래 하   35. 마디 촌   36. 북녘 북   37. 일천 천
38. 한가지 동   39. 바를 정   40. 서녘 서   41. 主   42. 天   43. 入   44. 外
45. 출구   46. 종류   47. 자족   48. 문인   49. 공손   50. 남북   51. 기구
52. 동향   53. 평가   54. 정심   55. 활용   56. 수족   57. 출생   58. 효도
59. 少女   60. 同年   61. 상품   62. 계산   63. 이용   64. 무관심   65. 반성
66. 內心   67. 生水   68. 四方   69. 靑天   70. 小子   71. 江   72. 目
73. 中   74. 手   75. 工   76. 自   77. 川   78. 石   79. 母
80. 白

예상문제 3회

| 객관식 |

1.①	2.③	3.②	4.④	5.②	6.②	7.③
8.③	9.④	10.①	11.④	12.②	13.①	14.③
15.③	16.④	17.①	18.④	19.②	20.③	21.①
22.③	23.②	24.①	25.④	26.①	27.③	28.④
29.①	30.③					

| 주관식 |

31.지아비 부	32.적을 소	33.한가지 동	34.강 강	35.맏 형	36.주인 주	37.마디 촌
38.안 내	39.하늘 천	40.흰 백	41.手	42.出	43.向	44.方
45.연하	46.부모	47.특징	48.명문	49.주변	50.백일	51.발명
52.자립	53.수목	54.목수	55.이해	56.외출	57.화학	58.북서
59.西向	60.人名	61.고민	62.도형	63.평소	64.이유	65.온도
66.兄弟	67.靑天	68.出生	69.方法	70.出口	71.工	72.力
73.川	74.八	75.靑	76.入	77.月	78.下	79.人
80.水						

예상문제 4회

| 객관식 |

1.①	2.③	3.①	4.④	5.②	6.④	7.③
8.②	9.①	10.②	11.②	12.④	13.③	14.①
15.②	16.②	17.④	18.①	19.③	20.②	21.④
22.①	23.②	24.④	25.③	26.①	27.④	28.②
29.①	30.③					

| 주관식 |

31.날 생	32.쇠 금	33.돌 석	34.여섯 륙	35.이름 명	36.바를 정	37.하늘 천
38.여자 녀	39.작을 소	40.모 방	41.主	42.年	43.力	44.出
45.사촌	46.관찰	47.향상	48.명문	49.이용	50.동심	51.육각
52.남동	53.상품	54.부형	55.표현	56.주문	57.강하	58.일주
59.東西	60.男女	61.순서	62.대화	63.종류	64.안전	65.우애
66.江山	67.四月	68.百方	69.南向	70.人口	71.工	72.七
73.上	74.白	75.山	76.門	77.自	78.足	79.北
80.夕						

기출문제 1회

| 객관식 |

1. ③ 2 ① 3. ③ 4. ② 5. ④ 6. ④ 7. ①
8. ④ 9 ② 10. ③ 11. ④ 12. ① 13. ④ 14. ③
15. ① 16 ③ 17. ① 18. ④ 19. ① 20. ③ 21. ③
22. ② 23 ④ 24. ① 25. ② 26. ③ 27. ① 28. ②
29. ④ 30 ③

| 주관식 |

31. 저녁 석 32. 어미 모 33. 북녘 북, 달아날 배 34. 불 화 35. 향할 향 36. 힘 력 37. 물 수
38. 아우 제 39. 다섯 오 40. 모 방 41. 工 42. 年 43. 立 44. 文
45. 팔촌 46. 자생 47. 안전 48. 서문 49. 역할 50. 외출 51. 온도
52. 수족 53. 성천 54. 여왕 55. 순서 56. 산숭 57. 우애 58. 정립
59. 北向 60. 同名 61. 무관심 62. 관찰 63. 주변 64. 특징 65. 실천
66. 主力 67. 七夕 68. 兄弟 69. 男子 70. 四方 71. 靑 72. 寸
73. 外 74. 十 75. 石 76. 生 77. 足 78. 王 79. 六
80. 同

기출문제 2회

| 객관식 |

1. ① 2. ③ 3. ② 4. ④ 5. ① 6. ② 7. ①
8. ④ 9. ② 10. ④ 11. ① 12. ③ 13. ④ 14. ①
15. ④ 16. ② 17. ④ 18. ③ 19. ① 20. ② 21. ③
22. ① 23. ② 24. ④ 25. ① 26. ② 27. ④ 28. ③
29. ④ 30. ①

| 주관식 |

31. 적을 소 32. 쇠 금, 성 김 33. 불 화 34. 아래 하 35. 물 수 36. 푸를 청 37. 주인 주
38. 글월 문 39. 지아비 부 40. 북녘 북 41. 名 42. 同 43. 自 44. 工
45. 서산 46. 물체 47. 생수 48. 자주 49. 공통 50. 사방 51. 효도
52. 내심 53. 수직 54. 인문 55. 검소 56. 부모 57. 청년 58. 활용
59. 正北 60. 出金 61. 결과 62. 이해 63. 문제 64. 고민 65. 온도
66. 女王 67. 向上 68. 三寸 69. 入口 70. 中立 71. 夕 72. 江
73. 男 74. 土 75. 力 76. 出 77. 手 78. 夫 79. 外
80. 弟

기출문제 3회

| 객관식 |

1.① 2.④ 3.③ 4.① 5.② 6.③ 7.②
8.④ 9.① 10.② 11.④ 12.③ 13.① 14.②
15.③ 16.① 17.④ 18.② 19.③ 20.① 21.③
22.② 23.① 24.④ 25.③ 26.③ 27.④ 28.①
29.④ 30.②

| 주관식 |

31.쇠 금, 성 김 32.같을 동 33.마디 촌 34.저녁 석 35.바를 정 36.안 내 37.향할 향
38.돌 석 39.동녘 동 40.모 방 41.年 42.生 43.力 44.入
45.백방 46.관찰 47.칠석 48.석수 49.이용 50.자주 51.육각
52.팔촌 53.상품 54.토목 55.표현 56.정심 57.명공 58.일주
59.男女 60.父母 61.분수 62.평소 63.거리 64.발명 65.안전
66.兄弟 67.中立 68.江山 69.五月 70.外出 71.夫 72.少
73.靑 74.下 75.工 76.目 77.足 78.白 79.王
80.子

한자자격시험 OMR 답안지

(社)한자교육진흥회
한국한자실력평가원

2급 ~ 6급 응시자용

제 회	응시급수

※ 감독관(서명)

2급	○
준3급	○
3급	○
준4급	○
4급	○
준5급	○
5급	○
6급	○

성명

수험번호

주민등록번호

객관식 답안란

문항	답란	문항	답란
1	① ② ③ ④	16	① ② ③ ④
2	① ② ③ ④	17	① ② ③ ④
3	① ② ③ ④	18	① ② ③ ④
4	① ② ③ ④	19	① ② ③ ④
5	① ② ③ ④	20	① ② ③ ④
6	① ② ③ ④	21	① ② ③ ④
7	① ② ③ ④	22	① ② ③ ④
8	① ② ③ ④	23	① ② ③ ④
9	① ② ③ ④	24	① ② ③ ④
10	① ② ③ ④	25	① ② ③ ④
11	① ② ③ ④	26	① ② ③ ④
12	① ② ③ ④	27	① ② ③ ④
13	① ② ③ ④	28	① ② ③ ④
14	① ② ③ ④	29	① ② ③ ④
15	① ② ③ ④	30	① ② ③ ④

※ 객관식 답안지 작성요령

1. 반드시 컴퓨터용 수성싸인펜을 사용하여 바르게 표기 하십시오.

   ＊바르게 표기한 예 : ●

2. 수정하고자 할 때에는 수정테이프만을 사용합니다.

주관식 답안란

문항	주관식 답안란	초검	재검	문항	주관식 답안란	초검	재검
31		○	○	41		○	○
32		○	○	42		○	○
33		○	○	43		○	○
34		○	○	44		○	○
35		○	○	45		○	○
36		○	○	46		○	○
37		○	○	47		○	○
38		○	○	48		○	○
39		○	○	49		○	○
40		○	○	50		○	○

※ 주관식 답안 작성은 볼펜으로 합니다. 51~100번은 뒷면에 있습니다.

※ 초검 · 재검란의 ○에는 표기하지 마십시오.

◎ 한 자 자 격 시 험 주 관 식 답 안 지 ◎

문항	주관식 답안란	초채점 점	문항	주관식 답안란	초채점 점	문항	주관식 답안란	초채점 점	문항	주관식 답안란	초채점 점	문항	주관식 답안란	초채점 점
51		○ ○	61		○ ○	71		○ ○	81		○ ○	91		○ ○
52		○ ○	62		○ ○	72		○ ○	82		○ ○	92		○ ○
53		○ ○	63		○ ○	73		○ ○	83		○ ○	93		○ ○
54		○ ○	64		○ ○	74		○ ○	84		○ ○	94		○ ○
55		○ ○	65		○ ○	75		○ ○	85		○ ○	95		○ ○
56		○ ○	66		○ ○	76		○ ○	86		○ ○	96		○ ○
57		○ ○	67		○ ○	77		○ ○	87		○ ○	97		○ ○
58		○ ○	68		○ ○	78		○ ○	88		○ ○	98		○ ○
59		○ ○	69		○ ○	79		○ ○	89		○ ○	99		○ ○
60		○ ○	70		○ ○	80		○ ○	90		○ ○	100		○ ○

※ 주관식 채점위원 확인란

초검 채점위원	재검 채점위원

※ 합격자 발표 – 한자자격시험(www.hanja114.org) / ARS 060-700-2055

한 자 자 격 시 험 O M R 답 안 지

(사)한자교육진흥회
한국한자실력평가원

2급 ~ 6급 응시자용

제	회	응 시 급 수
※감독관확인 (서명)		2급 ○
		3급 ○
		준3급 ○
		4급 ○
		준4급 ○
		5급 ○
		준5급 ○
		6급 ○

성 명

수 험 번 호

주 민 등 록 번 호

객 관 식 답 안 란

1	① ② ③ ④	16	① ② ③ ④
2	① ② ③ ④	17	① ② ③ ④
3	① ② ③ ④	18	① ② ③ ④
4	① ② ③ ④	19	① ② ③ ④
5	① ② ③ ④	20	① ② ③ ④
6	① ② ③ ④	21	① ② ③ ④
7	① ② ③ ④	22	① ② ③ ④
8	① ② ③ ④	23	① ② ③ ④
9	① ② ③ ④	24	① ② ③ ④
10	① ② ③ ④	25	① ② ③ ④
11	① ② ③ ④	26	① ② ③ ④
12	① ② ③ ④	27	① ② ③ ④
13	① ② ③ ④	28	① ② ③ ④
14	① ② ③ ④	29	① ② ③ ④
15	① ② ③ ④	30	① ② ③ ④

주 관 식 답 안 란

문항	주 관 식 답 안 란	초검	재검	문항	주 관 식 답 안 란	초검	재검
31		○	○	41		○	○
32		○	○	42		○	○
33		○	○	43		○	○
34		○	○	44		○	○
35		○	○	45		○	○
36		○	○	46		○	○
37		○	○	47		○	○
38		○	○	48		○	○
39		○	○	49		○	○
40		○	○	50		○	○

※ 초검 · 재검란의 ○에는 표기하지 마십시오.

※ 객관식 답안지 작성요령

1. 반드시 컴퓨터용 수성싸인펜을 사용하여 바르게 표기 하십시오.
 * 바르게 표기할 예 : ●
2. 수정하고자 할 때에는 수정테이프를 사용합니다.

※ 주관식 답만 작성은 볼펜으로 합니다. 51~100번은 뒷면에 있습니다.

◎ 한 자 자 격 시 험 주 관 식 답 안 지 ◎

문항	주 관 식 답 안 란	출제검점		문항	주 관 식 답 안 란	출제검점		문항	주 관 식 답 안 란	출제검점		문항	주 관 식 답 안 란	출제검점
51		○ ○		71		○ ○		81		○ ○		91		○ ○
52		○ ○		72		○ ○		82		○ ○		92		○ ○
53		○ ○		73		○ ○		83		○ ○		93		○ ○
54		○ ○		74		○ ○		84		○ ○		94		○ ○
55		○ ○		75		○ ○		85		○ ○		95		○ ○
56		○ ○		76		○ ○		86		○ ○		96		○ ○
57		○ ○		77		○ ○		87		○ ○		97		○ ○
58		○ ○		78		○ ○		88		○ ○		98		○ ○
59		○ ○		79		○ ○		89		○ ○		99		○ ○
60		○ ○		80		○ ○		90		○ ○		100		○ ○

※ 주관식 채점위원 확인란

초검 채점위원	재검 채점위원

※ 한격자 발표 — 한자자격시험(www.hanja114.org) / ARS 060-700-2055

◎ 한 자 자 격 시 험 주 관 식 답 안 지 ◎

문항	주관식 답안란	초재 점검		문항	주관식 답안란	초재 점검		문항	주관식 답안란	초재 점검		문항	주관식 답안란	초재 점검	
51		○	○	61		○	○	71		○	○	81		○	○
52		○	○	62		○	○	72		○	○	82		○	○
53		○	○	63		○	○	73		○	○	83		○	○
54		○	○	64		○	○	74		○	○	84		○	○
55		○	○	65		○	○	75		○	○	85		○	○
56		○	○	66		○	○	76		○	○	86		○	○
57		○	○	67		○	○	77		○	○	87		○	○
58		○	○	68		○	○	78		○	○	88		○	○
59		○	○	69		○	○	79		○	○	89		○	○
60		○	○	70		○	○	80		○	○	90		○	○

문항	주관식 답안란	초재 점검	
91		○	○
92		○	○
93		○	○
94		○	○
95		○	○
96		○	○
97		○	○
98		○	○
99		○	○
100		○	○

※ 주관식 채점위원 확인란

초검 채점위원	재검 채점위원

※ 합격자 발표 - 한자자격시험(www.hanja114.org) / ARS 060-700-2055

한 자 자 격 시 험 O M R 답 안 지

(사)한자교육진흥회
한국한자실력평가원

2급 ~ 6급 응시자용

제	회	응 시 급 수
※ 감독관 확인 (서명)	2급	○
	준3급	○
	3급	○
	준4급	○
	4급	○
	준5급	○
	5급	○
	6급	○

성명

객관식 답안란

1 ① ② ③ ④	16 ① ② ③ ④
2 ① ② ③ ④	17 ① ② ③ ④
3 ① ② ③ ④	18 ① ② ③ ④
4 ① ② ③ ④	19 ① ② ③ ④
5 ① ② ③ ④	20 ① ② ③ ④
6 ① ② ③ ④	21 ① ② ③ ④
7 ① ② ③ ④	22 ① ② ③ ④
8 ① ② ③ ④	23 ① ② ③ ④
9 ① ② ③ ④	24 ① ② ③ ④
10 ① ② ③ ④	25 ① ② ③ ④
11 ① ② ③ ④	26 ① ② ③ ④
12 ① ② ③ ④	27 ① ② ③ ④
13 ① ② ③ ④	28 ① ② ③ ④
14 ① ② ③ ④	29 ① ② ③ ④
15 ① ② ③ ④	30 ① ② ③ ④

※ 객관식 답안지 작성요령

1. 반드시 컴퓨터용 수성싸인펜을 사용
  하여 바르게 표기 하십시오.
  *바르게 표기한 예 : ●
2. 수정하고자 할 때에는
  수정테이프만을 사용합니다.

※ 주관식 답안 작성은 블랙으로 합니다. 51~100번은 뒷면에 있습니다.

주관식 답안란

문항	주관식 답안란	초검	재검	문항	주관식 답안란	초검	재검
31		○	○	41		○	○
32		○	○	42		○	○
33		○	○	43		○	○
34		○	○	44		○	○
35		○	○	45		○	○
36		○	○	46		○	○
37		○	○	47		○	○
38		○	○	48		○	○
39		○	○	49		○	○
40		○	○	50		○	○

※ 초검 · 재검란의 ○에는 표기하지 마십시오.

◎ 한 자 자 격 시 험 주 관 식 답 안 지 ◎

문항	주관식 답안란	초재 채점		문항	주관식 답안란	초재 채점		문항	주관식 답안란	초재 채점		문항	주관식 답안란	초재 채점	
51		○	○	61		○	○	71		○	○	81		○	○
52		○	○	62		○	○	72		○	○	82		○	○
53		○	○	63		○	○	73		○	○	83		○	○
54		○	○	64		○	○	74		○	○	84		○	○
55		○	○	65		○	○	75		○	○	85		○	○
56		○	○	66		○	○	76		○	○	86		○	○
57		○	○	67		○	○	77		○	○	87		○	○
58		○	○	68		○	○	78		○	○	88		○	○
59		○	○	69		○	○	79		○	○	89		○	○
60		○	○	70		○	○	80		○	○	90		○	○

문항	주관식 답안란	초재 채점	
91		○	○
92		○	○
93		○	○
94		○	○
95		○	○
96		○	○
97		○	○
98		○	○
99		○	○
100		○	○

※ 주관식 채점위원 확인란

초검 채점위원

재검 채점위원

※ 주관식 발표 – 한자자격시험(www.hanja114.org) / ARS 060-700-2055

한 자 자 격 시 험 O M R 답 안 지

(사)한자교육진흥회
한국한자실력평가원

2급 ~ 6급 응시자용

제	회	응 시 급 수		
※ 감독관 확인 (서명)	2급 ○			
	3급 ○			
	준3급 ○			
	4급 ○			
	준4급 ○			
	5급 ○			
	준5급 ○			
	6급 ○			

성명

수 험 번 호 / ⓪①②③④⑤⑥⑦⑧⑨

주 민 등 록 번 호 / ⓪①②③④⑤⑥⑦⑧⑨

객 관 식 답 안 란

문항	답	문항	답	문항	답
1	①②③④	16	①②③④	31	
2	①②③④	17	①②③④	32	
3	①②③④	18	①②③④	33	
4	①②③④	19	①②③④	34	
5	①②③④	20	①②③④	35	
6	①②③④	21	①②③④	36	
7	①②③④	22	①②③④	37	
8	①②③④	23	①②③④	38	
9	①②③④	24	①②③④	39	
10	①②③④	25	①②③④	40	
11	①②③④	26	①②③④		
12	①②③④	27	①②③④		
13	①②③④	28	①②③④		
14	①②③④	29	①②③④		
15	①②③④	30	①②③④		

※ 객관식 답안지 작성요령

1. 반드시 컴퓨터용 수성싸인펜을 사용하여 바르게 표기 하십시오.
   * 바르게 표기한 예 : ●
2. 수정하고자 할 때에는 수정테이프만을 사용합니다.

주 관 식 답 안 란

문항	주 관 식 답 안 란	초검	재검
31		○	○
32		○	○
33		○	○
34		○	○
35		○	○
36		○	○
37		○	○
38		○	○
39		○	○
40		○	○

문항	주 관 식 답 안 란	초검	재검
41		○	○
42		○	○
43		○	○
44		○	○
45		○	○
46		○	○
47		○	○
48		○	○
49		○	○
50		○	○

※ 주관식 답안 작성은 볼펜으로 합니다. 51~100번은 뒷면에 있습니다.

※ 초검·재검란의 ○에는 표기하지 마십시오.

◎ 한 자 자 격 시 험 주 관 식 답 안 지 ◎

문항	주 관 식 답 안 란	초재 검점	문항	주 관 식 답 안 란	초재 검점	문항	주 관 식 답 안 란	초재 검점	문항	주 관 식 답 안 란	초재 검점	문항	주 관 식 답 안 란	초재 검점
51		○ ○	61		○ ○	71		○ ○	81		○ ○	91		○ ○
52		○ ○	62		○ ○	72		○ ○	82		○ ○	92		○ ○
53		○ ○	63		○ ○	73		○ ○	83		○ ○	93		○ ○
54		○ ○	64		○ ○	74		○ ○	84		○ ○	94		○ ○
55		○ ○	65		○ ○	75		○ ○	85		○ ○	95		○ ○
56		○ ○	66		○ ○	76		○ ○	86		○ ○	96		○ ○
57		○ ○	67		○ ○	77		○ ○	87		○ ○	97		○ ○
58		○ ○	68		○ ○	78		○ ○	88		○ ○	98		○ ○
59		○ ○	69		○ ○	79		○ ○	89		○ ○	99		○ ○
60		○ ○	70		○ ○	80		○ ○	90		○ ○	100		○ ○

※ 주관식 채점위원 확인란

초검 채점위원　　재검 채점위원

※ 한자자격시험 발표 – 한자자격시험(www.hanja114.org) / ARS 060-700-2055

한자 자격 시험 OMR 답안지

(사)한자교육진흥회
한국한자실력평가원

2급 ~ 6급 응시자용

제	회	이 시 급 수
		2급 ○
		3급 ○
※ 감독관 확인 (서명)		4급 ○
		5급 ○
		6급 ○
		준2급 ○
		준3급 ○
		준4급 ○
		준5급 ○
		준6급 ○

성명

수험번호

주민등록번호

객관식 답안란

1	①②③④	16	①②③④
2	①②③④	17	①②③④
3	①②③④	18	①②③④
4	①②③④	19	①②③④
5	①②③④	20	①②③④
6	①②③④	21	①②③④
7	①②③④	22	①②③④
8	①②③④	23	①②③④
9	①②③④	24	①②③④
10	①②③④	25	①②③④
11	①②③④	26	①②③④
12	①②③④	27	①②③④
13	①②③④	28	①②③④
14	①②③④	29	①②③④
15	①②③④	30	①②③④

주관식 답안란

문항	주관식 답안란	초검	재검	문항	주관식 답안란	초검	재검
31		○	○	41		○	○
32		○	○	42		○	○
33		○	○	43		○	○
34		○	○	44		○	○
35		○	○	45		○	○
36		○	○	46		○	○
37		○	○	47		○	○
38		○	○	48		○	○
39		○	○	49		○	○
40		○	○	50		○	○

※ 객관식 답안지 작성요령

1. 반드시 컴퓨터용 수성사인펜을 사용하여 바르게 표기 하십시오.
   *바르게 표기한 예 : ●
2. 수정하고자 할 때에는 수정테이프를 사용합니다.

※ 주관식 답안지 작성요령

※ 주관식 답안 작성은 흑색으로 합니다. 51~100번은 뒷면에 있습니다.

※ 초검 · 재검란의 ○에는 표기하지 마십시오.

◎ 한 자 자 격 시 험 주 관 식 답 안 지 ◎

문항	주관식 답안란	초재 경검		문항	주관식 답안란	초재 경검		문항	주관식 답안란	초재 경검		문항	주관식 답안란	초재 경검		문항	주관식 답안란	초재 경검	
51		○ ○		61		○ ○		71		○ ○		81		○ ○		91		○ ○	
52		○ ○		62		○ ○		72		○ ○		82		○ ○		92		○ ○	
53		○ ○		63		○ ○		73		○ ○		83		○ ○		93		○ ○	
54		○ ○		64		○ ○		74		○ ○		84		○ ○		94		○ ○	
55		○ ○		65		○ ○		75		○ ○		85		○ ○		95		○ ○	
56		○ ○		66		○ ○		76		○ ○		86		○ ○		96		○ ○	
57		○ ○		67		○ ○		77		○ ○		87		○ ○		97		○ ○	
58		○ ○		68		○ ○		78		○ ○		88		○ ○		98		○ ○	
59		○ ○		69		○ ○		79		○ ○		89		○ ○		99		○ ○	
60		○ ○		70		○ ○		80		○ ○		90		○ ○		100		○ ○	

※ 주관식 채점위원 확인란

주관식 채점위원   초검 채점위원   재검 채점위원

※ 합격자 발표 – 한자자격시험(www.hanja114.org) / ARS 060-700-2055

한자자격시험 OMR 답안지

(사)한자교육진흥회
한국한자실력평가원

객관식 답안란

1	① ② ③ ④	16	① ② ③ ④
2	① ② ③ ④	17	① ② ③ ④
3	① ② ③ ④	18	① ② ③ ④
4	① ② ③ ④	19	① ② ③ ④
5	① ② ③ ④	20	① ② ③ ④
6	① ② ③ ④	21	① ② ③ ④
7	① ② ③ ④	22	① ② ③ ④
8	① ② ③ ④	23	① ② ③ ④
9	① ② ③ ④	24	① ② ③ ④
10	① ② ③ ④	25	① ② ③ ④
11	① ② ③ ④	26	① ② ③ ④
12	① ② ③ ④	27	① ② ③ ④
13	① ② ③ ④	28	① ② ③ ④
14	① ② ③ ④	29	① ② ③ ④
15	① ② ③ ④	30	① ② ③ ④

※ 객관식 답안지 작성요령

1. 반드시 컴퓨터용 수성싸인펜을 사용하여 바르게 표기 하십시오.
   *바르게 표기한 예 : ●
2. 수정하고자 할 때에는 수정테이프만을 사용합니다.

문항	주관식 답안란	초검	재검	문항	주관식 답안란	초검	재검
31		○	○	41		○	○
32		○	○	42		○	○
33		○	○	43		○	○
34		○	○	44		○	○
35		○	○	45		○	○
36		○	○	46		○	○
37		○	○	47		○	○
38		○	○	48		○	○
39		○	○	49		○	○
40		○	○	50		○	○

※ 주관식 답안 작성은 볼펜으로 합니다. 51~100번은 뒷면에 있습니다.

※ 초검 · 재검란의 ○에는 표기하지 마십시오.

◎ 한 자 자 격 시 험 주 관 식 답 안 지 ◎

문항	주관식 답안란	초재점검		문항	주관식 답안란	초재점검		문항	주관식 답안란	초재점검		문항	주관식 답안란	초재점검
51		○ ○		71		○ ○		81		○ ○		91		○ ○
52		○ ○		72		○ ○		82		○ ○		92		○ ○
53		○ ○		73		○ ○		83		○ ○		93		○ ○
54		○ ○		74		○ ○		84		○ ○		94		○ ○
55		○ ○		75		○ ○		85		○ ○		95		○ ○
56		○ ○		76		○ ○		86		○ ○		96		○ ○
57		○ ○		77		○ ○		87		○ ○		97		○ ○
58		○ ○		78		○ ○		88		○ ○		98		○ ○
59		○ ○		79		○ ○		89		○ ○		99		○ ○
60		○ ○		80		○ ○		90		○ ○		100		○ ○

※ 주관식 채점위원 확인란

초검 채점위원	재검 채점위원

※ 답안지 발표 – 한자자격시험(www.hanja114.org) / ARS 060-700-2055

한 번에 합격하는
한자자격시험 6급

1판 1쇄 | 2009 년 4월 10일
1판 7쇄 | 2019 년 11월 10일
저   자 | 김 시 현
발 행 인 | 김 인 태
발 행 처 | 삼호미디어
등   록 | 1993년 10월 12일 제21-494호
주   소 | 서울특별시 서초구 강남대로 545-21 거림빌딩 4층
           www.samhomedia.com
전   화 | (02)544-9456
팩   스 | (02)512-3593

ISBN 978-89-7849-386-4 13710